◎ 马伟兰 主编

爱智点亮人生

山西出版传媒集团
山西教育出版社

编委会名单

序

在太原南中环街与坞城路的交会口，如果恰逢上学或放学的时间，你一定会看到这里车水马龙、水泄不通，辛勤的交警正维持着秩序。途经此地的市民一则感叹，二则并无怨言，他们早已习惯了这样一道风景，并深知这拥堵的景象背后承载着无数家庭的希望，其根本原因就是这里有一所"大学里的小学"——山西大学附属子弟小学（以下简称"山大附小"）。

说起"大学里的小学"，我会想起多年前与山大附小马伟兰校长的一次交流。如果我没有记错的话，那时的马校长正在思考这所学校的文化建设问题，她一方面有承继山大附小优秀文化传统的真诚，另一方面也在构想学校在新时代的发展方向。在交流中，我提到了大学附属小学的第一特征是"大学里的小学"，而我的期望是校长应当带领学校全体成员，把"大学里的小学"办成"小学里的大学"。马校长显然认同这一说法，从后来的办学实践来看，山大附小在她的带领下的确践行了这一理念，并创造性地整合了大学的文化与教育的精神，逐渐使"明理"和"爱智"成为统领学校发展和师生成长的基本文化元素。

现在的山大附小，若究其特质，即是"明理教育"，具体的文化内涵是：秉承山西大学"中西会通、求真至善、登崇俊良、自强报国"的校训，进而用"明理之教育"育"明理之俊良"。仅说此中之理，应涉及思想长进、个人发展、立德树人和应国家之需诸项，归结起来就是把小学教育的实践置入宏阔的大教育理念之中。这无疑是一种办教育的格局与境界，客观上为学校的未来营造并构建了近乎无限的提升空间，也可以说是彰显了教育事业"天赋"的理想色彩。理想是承载希望的，我相信山大附小的师生一定会欣然接受司马迁所说的"虽不能至，然心向往之"，因为他们已经意识到，一切的理想首先是让我们去追求的，其次才是让我们去实现的。

然而，"明理教育"在山大附小并未仅仅局限于此，它的进一步阐释是"明理思进，点亮爱智人生"。"爱智"正是与"明理"同在的山大附小的另一种文化元素，明理思进，就是为了点亮学生的爱智人生。说到这一点，也算是我与山大附小的一种缘分，原因是这里的"爱智"其实就是我一贯主张的"爱智统一"的"爱智"。自 1997 年提出这一教育理念至今，"爱智统一"已经逐渐从一个教育原则、一种教育原理发展成为"好教育"的精神法则。换言之，教育的"好"不仅表征为爱和智慧的和谐相融，而且依赖于教育者"爱智统一"的教育品格。爱智统一之后，爱成为智爱，智成为爱智。"智爱"，既不乏真诚，又具有策略，拒绝有害于教育的溺爱与偏爱；"爱智"则意味着追求更深入、更广阔的智慧，树立正确的价值导向。

对教育者来说，有智而无爱者必无心于教育，有爱而无智者必无力于教育。细究其原理，正如董仲舒在《春秋繁露·必仁且智》中所说："仁而不智，则爱而不别也；智而不仁，则知而不为也。"山大附小"用'明理之教育'育'明理之俊良'"，其"点亮爱智人生"的原理则应是"以我之爱智，育人之爱智"。再做进一步的主观发挥，山大附小的"明理教育"，狭义而言，即是能彰显"爱智统一"精神法则的教育；而广义地讲，则是要把学校教育建基于学校全员的"明理"之上，具体而言，管理者要明管理之理，教师要明育人之理，学生要明学习之理。无论管理、育人还是学习，虽各有其奥妙，但在最一般的层面均不外乎用爱、用智、用心、用力，且均可以"爱智统一、心力兼备"为基本的追求。

2023 年迎来山大附小的六十华诞，依据中国古代的历法，学校已经历了一个甲子，这既是一个有文化意义的时间标识，同时也蕴含着"水木相生"的勃勃生机。想一想 60 年前，学校仅有教职工 16 名、学生 180 余名，校园里仅有一间牛棚、几间平房，那些先辈们真可谓筚路蓝缕、砥砺前行；再看一看今天，学校以集团化模式运营，校区三处，教职工 220 余名，仅主校区就有学生 3200 余名，校园里的明理楼、爱智楼相映成趣，构成了一幅灵动的教育图画。在繁华的都市中，山大附小就像是一座美丽的花园，其中有无数祖国的花朵来来往往。在这个美丽的花园里，有"崇实路"，有"乐学港"，有"明理轩"，有"思进坛"，那些祖国的花朵就徜徉其间。学校的 60 年变迁里不知发生过多少或动人、或平常的故事，也正是这无数的故事汇成了山大附小今日的荣光。

说了这许多，皆因山大附小迎来建校 60 周年，我有机会阅读了马伟兰校长带来的《爱智点亮人生》书稿。这是一本侧写山大附小教育文化的美文集，全书共分三个篇章，即坚守篇、明理篇和爱智篇，贯通理解，便是"坚守、明理和爱智"，因而也可以说，这是一本山大附小办学理念、教育文化的"产品说明书"。借助这本书稿，我认识了学校里的老师和学生，还有认同"明理、爱智"的学生家长；我知悉了附小人把道、德、方、法注入管理、教学、树德、育人之中；我领略了附小人在家校共建、爱智共育中启智润心的教育风采；我尤其体会到了"爱智统一"在我的著述中只是一个"大观念"，而在老师和家长那里则是深耕细作的教育本身。

小学教育是基础教育的基础，事关孩子们漫长人生的第一步，无论学校，还是教师，均可说是责任重大。或因此，社会最关心，学校最用心，家长最上心。把各种爱智之心集聚在一起，小学教育阶段便成为最能显现教育本质和精神的学校教育阶段。由于童年是人生的关键阶段，小学教育实际上是在为孩子们未来的生活奠基。既然责任如此重大，一切小学教育事业的参与者均需奉献出自己最真的情怀、最善的情感和最美的心灵。这是多么苛刻的要求呀！但这又是多么高贵的期望呀！

专业的缘故，我有机会接触到许多优秀的小学教育工作者，虽然他们也是一个个平凡的教育劳动者，但在他们的平凡中，我看到了他们作为教育工作者的纯粹与真诚。所谓"园丁"和"灵魂的工程师"，某种意义上就是社会赋予小学教育工作者的专称。而当我们审视他们的与众不同时，意外地发现，他们事实上已经自觉或不自觉地践行了"爱智统一"的教育理念。思虑至此，我不免对小学教育工作者心生敬意，同时也意识到教育精神在学校工作中的渗透任重而道远。恰逢山大附小迎来自己的六十华诞，作为一名教育研究者，我祝愿她继续坚守"明理教育"的信念，恪守"爱智统一"的精神法则，以最"教育"的姿态追梦于核心素养教育的新时代。

是为序。

刘庆昌

2023 年 5 月 20 日

前　言

甲子芳华，初心隽永。岁月为山大附小印刻下的是历经寒暑的生生不息，也是春耕夏耘后的硕果累累。六十载薪火相传，一甲子弦歌不辍。非有笔墨不足以述其创业艰辛，非有记载不足以歌咏其继古开今，故编纂此册，梳理山大附小 60 年的发展历程，总结 60 年的办学经验，回顾 60 年的辉煌成就，这对继承与弘扬几代附小人的优良传统，推动学校高质量发展具有重要意义。

山西大学附属子弟小学浸润在百年学府山西大学的精神文化中，依托山西大学，正在稳步高质量发展。建校之初，一间牛棚，几间平房，一院荒麦，这就是山大附小最初的模样。60 年间，山大附小始终与祖国共荣辱，与时代同进步，扎根三晋办学，始终牢记为党育人、为国育才的初心使命，为锤炼底色奠基，为培根铸魂固本。

在实现中华民族伟大复兴的中国梦的时代背景下，学校严格执行党和国家的教育方针，全面实施素质教育，扎实落实立德树人，践行社会主义核心价值观，不断深化教育教学改革，逐步建构起以"爱智"为核心的"明理教育"校园文化体系，形成了独树一帜的办学特色。学校坚持"明理思进，点亮爱智人生"的办学理念，走出了一条"大学中的小学，小学中的大学"特色发展之路。在一代代附小人的坚持坚守、深耕细作下，学校实现了新跨越和大发展：明理教育体系日臻成熟完善，爱智教育理念逐渐深入人心，明理课程体系不断绽放华彩，先后获得全国五一巾帼标兵岗、山西大学"三育人"先进集体和先进基层党组织、山西省"三八红旗集体"、山西省五一巾帼奖状、山西省巾帼标兵岗等多项荣誉称号。用奋斗诠释使命担当，以爱智培育时代新人。山大附小始终初心如磐，步履铿锵，一步一个脚印，坚实地走过了 60 年的风雨历程，成为享誉三晋大地的知名小学。

回顾一甲子，展望新征程。附小人将继续坚持把育人实效作为检验一切工作的根本标准，以人为本，着眼学生成长成才，因材施教，注重学用相长、知行合一；坚持教学相长，积极引导教师既做"大学问"、又做"大先生"，激发教师教学热情，让教师成为学生为学、为事、为人的示范；坚持"以我爱智""育人爱智"，以明理之方育莘莘学子，以爱智之心护纯真童年。让每一位附小学生都能在"明理教育"的浸润中幸福成长，收获爱与智慧的人生。

"积力之所举，则无不胜也；众智之所为，则无不成也"，如今的山大附小在上级领导和社会各界的关心爱护与大力支持下，在全体附小人上下一心的共同努力下，迎来了更加充满希望的春天。附小人将以更加自信的担当，更加昂扬的姿态，更加坚定的步伐，勠力同心，高歌前行，走好新时代的办学路，为全面建成社会主义现代化强国、实现中华民族伟大复兴的中国梦书写新篇章！

马伟兰

目 录

———— 第一章 坚守篇 ————

第二章　明理篇

第一章　坚守篇
JIANSHOUPIAN

一甲子初心坚守，锻造匠心。一间牛棚，几间平房，一院荒麦。学校诞生之初，由几间陋室起家，三易校址，历经六十年的风雨沧桑，几代附小人的勤奋耕耘，呕心沥血，薪火相传，逐步建构起以"爱智"为核心的"明理教育"校园文化体系，成为一所人文底蕴深厚、学子名师云集、享誉三晋大地的知名小学。悠悠一甲子，弹指一挥间，山大附小在平凡的岁月流转中用不平凡的坚守谱写出了兴学育人的璀璨华章。

我们是大学中的小学，我们做小学中的大学

钤山大附小之目标

贺山大附小建校六十周年 南昌谨

（姚国瑾为庆祝山大附小建校六十周年题字）

学 校 概 况

　　山西大学附属子弟小学（山大附小）是隶属于山西大学的省属公立小学，始建于 1963 年。山大附小现在以集团化办学模式运营，共有三个校区，第一个是位于山西大学西南角的主校区，第二个是 2022 年 9 月开始运营的汾东校区，第三个是 2023 年 9 月开始运营的综改校区。主校区占地面积 15686 平方米，建筑面积 9932 平方米，主校区现有教学班级 61 个，学生 3200 余名。汾东校区地处龙城南街，2022 年 9 月正式招生，占地面积 12927 平方米，建筑面积 13633 平方米。综改校区地处正阳街，2023 年 9 月开始招生，占地面积 27064 平方米，建筑面积 36615 平方米。汾东校区与综改校区分别是在小店区和综改区新建的公办小学，由山大附小托管，因此与主校实施一体化管理，管理团队由总校委派。汾东校区现有 8 个教学班，学生 300 余名，综改校区现有 6 个教学班，学生 200 余名。山大附小教育集团现有教师 220 余名，其中研究生学历 50 余名，本科学历 160 余名，学校先后培养了省市学科带头人、骨干教师、教学能手 50 余名。

　　浸润在百年学府山西大学的精神文化中，建校 60 年来，山大附小始终坚持"以德为先"的育人思想，不断传承山西大学"中西会通、求真至善、登崇俊良、自强报国"的文化精神。进入新世纪，在实现中华民族伟大复兴的中国梦的时代背景下，学校全面落实立德树人的根本任务，培育和践行社会主义核心价值观，不断深化教育教学改革，逐步构建起以"爱智"为核心的"明理教育"校园文化体系。

历 史 沿 革

习近平总书记在党的十九大报告中指出："文化是一个国家、一个民族的灵魂。文化兴国运兴，文化强民族强。没有高度的文化自信，没有文化的繁荣兴盛，就没有中华民族伟大复兴。"这一论断深刻阐明了文化对于国家发展的重要意义。无论是对个人还是对集体而言，文化都有着至关重要的作用。作为以育人为首要任务的学校，校园文化的研究与建设尤为重要。

什么是文化？著名文化学者余秋雨先生认为："文化是一种变成了习惯的生活方式和精神价值，它的最后成果是集体人格。"细读这个定义，我们可以发现，它不仅揭示了文化的产生过程，还指出了文化所包含的要素。"变成了习惯"说明文化不是凭空产生的，是在长期发展过程中逐步积淀并形成的。因此，我们在进行校园文化研究的时候必须观照历史，追根溯源。生活方式、精神价值和集体人格是我们研究校园文化应当侧重的三个方面。沿着这样的思路，我们以校史上的三次搬迁为发展历程中的重要时间节点，进行山大附小校园文化的研究和建构。我们在梳理历史、总结提炼、规划未来并与专家反复研讨的基础上，从生活方式、精神价值和集体人格三方面入手，逐步构建起山大附小以"爱智"为核心的"明理教育"校园文化体系。

学校初建——艰苦创业树精神

1963 年，为解决山西大学教职工子女上小学的问题，山西大学党政领导决定创办山西大学附属子弟小学。

同年五六月启动山大附小的筹备工作。建校初期，受条件所限，教师队伍基本由一些文化素质相对较高的教职工家属组成，只有少数教师具备教师资格证。1963 年暑假期间，景芳、段英芬、贺淑珍、王淑英四位教师从九一小学调来，景芳同志被指定为临时负责人，负责协助筹办山大附小等事宜。随后又从外地调回了从事小学教育工作的山西大学职工家属杨绍林和周惠莲两位同志，从太原师范学校和晋南师范学校毕业生中分配来陈素芳、王慧兰、刘向斌等同志。1963 年 9 月，山大附小正式开学。当时学校共有教职工 16 名，学生 180 余名，共分为四个年级，其中一年级两个班，均为当年新招收的山西大学教职工子女，二、三、四年级各一个班，学生均为从九一小学分流来的山西大学教职工子女。

当时，学校的校舍非常简陋，最初的校址设在山西大学东北角的生物园（现山西大学北家属院 26 号楼以北）。一间牛棚，几间平房，一院荒麦，就是学校留给老师们的最初印象。当时的条件非常艰苦，冬季天气寒冷，为了取暖，教室里需要生火炉，晚上炉子熄灭了，第二天早上再重新生火。孩子们最怕冬天上体育课，操场前的大板楼遮挡住了阳光，师生们在操场上活动，手脸都冻得通红。

初建校时，老师们对学校印象最深的就是学校的地面。当时的校园均为土地，晴天还好，一到下雨天便泥泞不堪，一步一个坑，脚好不容易拔离了地，鞋却倔强地留在了泥里。现在说起好似笑话却狼狈不堪的往事，在当时都是一日日真实的困苦。

校舍的简陋，设备的陈旧，可以说与"山西大学附属子弟小学"这个名称极不相符，学校的条件甚至不如当时的一些农村小学。但物质条件的简陋并没有阻碍学校的发展。在全体教师的共同努力下，山大附小的教学质量却是一流的。有一年，在南城区（现为迎泽区）教委组织的数学竞赛中，山大附小的学生获得了第一名。这一成绩的取得使得山大附小一下子出了名，高质量的教学也吸引了越来越多的教职工子女来此就读。

1964 年，为了加强山大附小的领导力量，山西大学从地理系将曾经从事过小学领导工作的许维新同志调来山大附小担任校长，景芳同志担任教导主任。许校长成为山大附小正式任命的第一任校长。至此，人员算是调配齐全了。1966 年 7 月，学校毕业了一个班，同年又招收了两个班。这时，全校共有教职工 19 名，学生一至五年级近 400 余名，学校已初具规模。

建校之初，正值物资匮乏年代，校舍简陋，师生人数不多。艰苦的环境激发了全校师生的斗志，大家自力更生，艰苦奋斗，克服重重困难，不断建设和改善校园环境。"踏踏实实做教育，艰苦创业树精神"是这一阶段山大附小师生精神的写照。

时至今日，尽管山大附小的校舍和设备已然得到了极大的改善，但是比起周边的区属、市属学校，仍然差距不小。可以说从建校至今，山大附小最引以为傲的就是一代又一代爱岗敬业的教师们，他们对待工作尽心尽力、尽职尽责，极大地弥补了物质上的缺失。60 年一甲子，时光流转，岁月更迭，人来人往，传承不竭，热爱不减。这份爱历久弥新，犹如暖炉中炙热的火苗，成了温暖学生的一束光。

特殊时期——初心如磐焕生机

1966 年 5 月，"文化大革命"开始了，山大附小毫无例外地受到冲击。但师生们排除各种干扰，使学校的秩序尽可能正常化。在各系的支持下，山大附小还办起了初中班。据段英芬老师回忆，当时她和其他教师带着小学部的学生在山西大学主楼（现文学院）三层坚持教学，初中部的老师则带着学生在外语系的教学楼（现外语系二层旧教学楼）里上课。在别人眼里，教师们的坚持是只顾低头拉车，不会抬头看路。但在段老师心里，她认为不管何时何地，都要让学生学文化、学知识。当时，这份坚持实属不易；现在，这份坚持令人感动。

1972 年，山西大学派体育系理论教研室主任董安生同志来附小主持工作。为了改善教学条件，校领导决定，当年下半年开始在原址修建新校舍。在生物园地的基础上，新建教室 17 个，新建办公室和其他用房 26 间，占地 1200 平方米，基本上解决了教学用房。这时，山大附小除原有的 29 名教职工外，加上从山大各系派来的 15 名教师，承担起初中班和小学高年级各学科的教学任务。

1974 年，董安生同志调走，山西大学又派老干部程光同志担任山大附小党支部书记兼革委会主任，景芳同志任教导主任。这时，全校教职工有 38 名，小学部学生有 400 余名。

1975 年上半年，教育战线经过整顿，山大附小的各项工作走向正轨。这时，山西大学党委对附小领导班子进行了调整，许维新同志调离，陈素芳、武席英二位同志被任命为学校领导。山大附小广大师生锐意进取，教师努力工作，学生勤奋学习，教学工作一派生机。"以爱为源育桃李，初心如磐焕生机"是这一特殊历史时期山大附小教师执着坚守的有力印证。

筑牢根基——多措并举抓管理

党的十一届三中全会召开以来，学校工作拨乱反正，工作的重点转移到以教学为主的轨道上来。

1978 年初，程光同志离休，为了充实山大附小的领导力量，山西大学党委借调数学系副主任贾一民同志来山大附小主持工作，担任书记兼校长，武席英和陈素芳同志担任副校长。据贾书记口述，初到附小，他的使命就是发挥好三个作用：一是支持作用，二是服务作用，三是协调作用。

1988 年，山大附小领导班子再次进行调整，贾一民同志担任书记，陈素芳同志担任校长。大家相互配合，共同努力，一抓纪律整顿，规范各项制度；二抓教学工作。为进行改革实验，学校招收了一个 6 周岁幼儿实验班；三年级以上开设英语课，高年级增加晚自习。学校领导、教师到校辅导解疑，学生学业成绩大有长进，学校工作也有了很大起色。"多措并举抓管理，勠力同心渡难关"。这一时期山大附小领导和老师们的辛苦付出，为之后学校的发展壮大奠定了坚实的基础。

规模扩大——质量提升促发展

进入 20 世纪 90 年代，山大附小稳步发展，教育教学质量不断提升。随着学生人数的不断增加，学校规模也不断扩大。原有的校舍已不能满足办学的需求。山西大学研究决定再选新址，新建山大附小。

1994 年，郭光珍同志被任命为山大附小校长，全面负责学校各项工作。

1995 年，在山西大学的南院东侧兴建了一栋建筑面积 3300 平方米的三层教学楼（现山西大学研究生院）作为山大附小的新校舍。1999 年，徐丽华同志被推选为校长。到 2002 年，学校有教职工 64 名、班级 25 个、学生 1500 余名。

搬迁新校址，全校师生有了更大的干劲，大批中师生、本科生的积极融入，使山大附小的师资力量得到加强。教师队伍的发展壮大，为山大附小的发展带来新的动力。附属于高校的特殊体制也成为山大附小办学的独特优势。静下心来做教育，扎扎实实搞教学，山大附小的教学质量有了显著提高，在太原市范围内有了一定的知名度。"凝心聚力抓教学，质量提升促发展"可以体现山大附小这一阶段的发展状况。

稳步向前——守正拓新创佳绩

进入新世纪，国家对基础教育投入力度不断加大。为了给山大附小提供更大的发展空间，2008 年，山西大学在主校区西南角选址，新建占地面积约 17 亩的山大附小新校园。2011 年新校园建成，并于 6 月 1 日举行搬迁庆典，山大附小搬入新校舍。

以此次搬迁为契机，学校邀请山西大学美术学院刘维东教授设计了以"乐"字为主图形的校徽；集众智，确立了"崇实、乐学、明理、思进"

的新校训,这八字校训是山大附小校园文化的核心内容。校训的产生、校徽的设计也是山大附小校园文化建设的开始。与此同时,山大附小的办学视野更加开阔,校际交流合作广泛开展,选派教师赴全国各地学习,对贫困县教育进行定点帮扶。"新校建成空间广,守正拓新创佳绩"代表了山大附小新世纪初的特征。

跨越发展——顶层设计新征程

2013 年,山大附小迎来了建校 50 周年的重要时刻,马伟兰同志被推选为校长。新一届领导班子带领大家攻坚克难,自主筹措图书、设备,加速规范各项制度,顺利通过国家义务教育均衡检查。全校师生同心同德,向内用力,提质量、促发展。

站在新的历史节点,山大附小新一届领导班子对学校的发展有了更高的要求和更深层次的思考,顶层设计呼之欲出。校园文化是学校的灵魂,是推动学校发展的不竭动力源泉。立足当下,回顾历史,放眼未来,山大附小校园文化体系的建构被正式提上日程。在与山西大学教育科学学院刘庆昌教授深入讨论的基础上,以刘教授提出的"爱智统一"教育理念为核心,山大附小领导团队逐步构建起包括校徽、校训、发展目标、育人目标、实施路径、明理课程及评价方案在内的"明理教育"校园文化体系。

半个多世纪的风雨历程,一代代附小人的薪火相传,山大附小已成为享誉三晋大地的一所知名小学。学校先后获得山西大学"三育人"先进集体和先进基层党组织、山西省五一巾帼奖状、山西省巾帼标兵岗等多项荣誉称号。2021 年 9 月,在第 37 个教师节来临之际,时任山西省委副书记、省长蓝佛安来到山大附小慰问全校师生。"顶层设计展宏图,勇立潮头谱新篇"成为新一代附小人的使命。

面向未来——昂首奋进新时代

为适应发展的需要,2021 年,在山西大学校党委的大力支持下,山大附小在原教学楼东侧进行扩建，扩建校舍于 2022 年 1 月投入使用。2022 年，在山西大学哲学、物理学两个学科成功入选"双一流"建设学科的历史时刻，由"人民教育家"于漪先生题字的校训石落成揭幕，为山大附小精神文化谱系再添新篇。矗立于校园西南角的校训石与"明理楼"和"爱智楼"形成的"L"型教学楼遥相呼应，成为山大附小校园的地标式建筑。

与此同时，山大附小也正式开启集团化办学的新征程。2022 年 8 月 23 日，山大附小集团校——位于小店区龙城南街的汾东小学正式揭牌，由雷旭刚同志担任该校校长。同年 9 月，汾东小学开始招生，当年招收一年级两个班。2023 年 9 月 1 日，位于综改区正阳街的启航小学开始招生，张月建同志担任该校校长，当年招收一年级六个班。

2023 年，在山大附小迎来建校 60 周年之际，学校又荣获"全国五一巾帼标兵岗"荣誉称号。作为集体获奖代表，马伟兰校长于 3 月 24 日到北京领奖。

六秩传薪火，甲子其灼灼。60 年来，一代代附小人坚持坚守，深耕细作，不断实现学校的大发展和新跨越。明理教育体系日臻成熟完善，爱智教育理念逐渐深入人心，明理课程体系不断绽放华彩。在"明理教育"理念的指引下，山大附小全体教师在追逐、探索育人之理的路上，不动摇，不懈怠，以明理之方育莘莘学子，以爱智之心护纯真童年，共同谱写了兴学育人的璀璨华章。

大格局，开启新征程；大视野，展现新风貌；大目标，追逐新未来。追梦路上，附小人同心同德，开拓进取，扎实工作，将以更加自信的担当、更加昂扬的姿态、更加坚定的步伐，走好新时代的办学路，铸就山大附小新的辉煌！

明理教育解读

内涵紧扣立德树人

明理教育是山大附小的办学思想。指向"立德树人"根本任务的落实，社会主义核心价值观的培育和践行，是在百年山大文化精神的浸润下，山大附小60年历史的积淀和延续。

多维打造梯度育人

明理教育是山大附小的育人模式。通过课堂教学、课程设置、德育教育等诸多方面的综合措施，使山大附小的每一个孩子逐步成长为阳光自信的少年、知书达理的学子、仁爱理性的公民。

特色彰显以文化人

明理教育是山大附小的办学特色。附属于高校是我们独具的特色，我们有山西大学的基因，山西大学的文化精神滋养着每一个附小人。秉承山西大学"中西会通、求真至善、登崇俊良、自强报国"的校训，我们用"明理之教育"育"明理之俊良"。

明理教育的内涵

"理者，治玉也。"纹是玉的表面，理是玉的内在。我们循着表面的纹路去寻找内在的本质。"理"在现代汉语中有道理、真理、理性等意义。"明理"即明白道理、追求真理、做理性之人……小到个人做人做事，大到治国理政，都离不开"理"字，可以说，"理"是万事万物之"宗"。从学校角度思考明理教育，管理者要明管理之理，教师要循育人之理，学生要得学习之理。

　　"明理思进，点亮爱智人生"是"明理教育"思想的进一步阐释。一个学校的办学思想和特色的形成离不开历史的积淀和传承。"明理"和"思进"源自山大附小的校训，"明理思进"意在指我们在教育的过程中培养学生能够逐步明理。"明"是动词，要知其然，更要知其所以然，不断积极进取，收获拥有爱与智慧的人生。"点亮"与"明"对照。爱是情感，是人类道德追求的最高境界。智则是人类理性能力的体现，是人类认识的最高追求。爱和智是人本质力量的基本成分，就像飞翔的双翼、行走的双脚。如果智可以让我们飞得更高，爱则可以让我们行得更远。只有兼具爱和智慧的人，才能收获幸福人生。同时，爱和智也是教育的灵魂，教育就是要赋予人以智慧，并教给人正确、合理地使用智慧的方法，这方法就是爱。立德旨在成德，使人成为爱者；树人旨在成才，使人成为智者。兼具爱和智的教育，才能有效落实立德树人的根本任务，也是我们教育工作者追求的境界。

　　"明理教育"的实践过程就是追求"爱"与"智"统一的过程，"爱"是艺术，是底色，是磁场，它是温暖的；"智"是技术，是实践，是经历，它是灵动的。用艺术滋养技术，用技术提高艺术，爱智统一，让爱成为"智爱"，智成为"爱智"。因此，我们将"明理教育"具体阐释为"明理思进，点亮爱智人生"。

校 徽 解 读

　　校徽的主图形由"乐"字创意而成，涵盖了我校的办学理念和办学特色。

　　校名当中的"山""大""小"三个字隐含其中，"山"首先代表山西，我们地处山西，俗话说：五千年文明看山西。我们作为山西人，要做经典的继承者、文明的传播者。"山"又代表山西大学，我们是山西大学的附属小学。"大"告诉我们教育人要有大的教育观，目光要长远。"小"表示我们做的是小学教育、基础教育，要为学生的终身奠基。

　　"山""大""小"这三个字组成一个活泼可爱的孩子形象，孩子迎着朝阳正在快乐奔跑。这一图标凸显了学校"明理思进，点亮爱智人生"的办学理念和特色。主图形的蓝、绿、黄、红四色，分别喻指校训"崇实、乐学、明理、思进"，外围的蓝色光环象征着依托的主体山西大学。

　　汉字校名"山西大学附属子弟小学"采用的是学界名人、德高望重的山西大学教授姚奠中先生的书法题字。姚先生是我国民主革命家、思想家、学者章太炎的嫡传弟子，是著名的国学大师、书法家。因此，这一题字具有很高的艺术欣赏价值。

校 训 解 读

什么是文化？著名文化学者余秋雨先生认为："文化是一种变成了习惯的生活方式和精神价值，它的最后成果是集体人格。"

附属于山西大学，山大附小在山西大学文化精神的滋养下成长，依托山西大学稳步发展。"崇实、乐学、明理、思进"这八字校训是山大附小广大师生共同遵守的基本行为准则与道德规范，是几代附小人奋斗精神的高度概括，也是自建校以来逐步形成的集体人格。

"崇实"是一种风格。指我们推崇一种脚踏实地、实事求是、诚实守信的做事风格，要有踏实、务实的工作作风，做实实在在有益于学生成长和发展的教育。这是学校的立校之本，也是自建校以来，几代附小人在奋斗的过程中逐步形成的做人做事的方式与风格，是附小教师的性格底色。

"乐学"是一种状态。子曰："知之者不如好之者，好之者不如乐之者。"学校旨在培养孩子乐学善思的良好习惯。在求知中体验成功的快乐，并将这份快乐转化为自主学习的动力。我们是大学中的小学，在山西大学这片沃土上，每一位教师都有无限的成长和发展的空间。因此，"乐学"是山大附小每一位师生应当保持的状态。

"明理"是一种追求。办学的过程中，学校要引导全体师生不断探究，以科学的态度对待科学，以真理的精神追求真理，"悟道理、明事理、求真理"，通过教育使之明白做人、做事、做学问的道理。

"思进"是一种精神。在山大附小的发展过程中，所有附小人始终保有积极进取、开拓创新的精神，我们要把这种精神通过教育传达给附小学子，让孩子们能主动发展、全面发展、乐于进取、且行且思、且思且行。

· 崇 实 路 ·

何为"崇实"

1. 出处

汉·王充《论衡·定贤》："文丽而务巨，言眇而趋深，然而不能处定是非，辩然否之实，虽文如锦绣，深如河、汉，民不觉知是非之分，无益于弥为崇实之化。"

崇实就是指要崇尚实际，崇尚朴实。

2. 内涵

（1）"崇实"是一种风格。指我们推崇一种脚踏实地、勤劳奉献、开拓进取、持之以恒的精神。

（2）"崇实"是一条崇尚真理、脚踏实地的路。

如何"崇实"

根为德，成于行。崇实需智慧。

（1）德：诚实守信、脚踏实地、勤劳奉献、知错能改。

（2）行：遵循规律、实事求是、开拓进取、持之以恒。

（3）智：立足实际、过程扎实、方法实用、突出实效。

吉祥物——小金牛

"崇实"的吉祥物是小金牛，具有勤劳、忠诚、担当、开拓、奉献和朴实的美好品质。一个"小"字，直接拉近了孩子们和吉祥物之间的距离；一个"金"字，金光闪闪，光彩熠熠，也象征着孩子们在小金牛的引领下，每个人都能创造并拥有属于自己的璀璨人生。

儿歌

崇实路上小金牛，

脚踏实地阔步走。

学田深耕汗水流，

果实累累迎丰收。

· 乐学港 ·

何为"乐学"

1. 出处

"乐学"一词，最早见于沈括的《梦溪笔谈·乐律二》："唐人乐学精深，尚有雅律遗法。"此词初指有关音乐的学问，后来则有"学科"的意味。

2. 内涵

"乐学"是一种状态，是一种积极的、健康的学习状态，是一种乐观的心理状态，是一种主动的学习方式。

"乐学"兼有快乐学习和喜欢学习，是一种自主行动。心态平衡，劳逸结合，学有所用，学有所悟，学有所乐，是乐学的作为，也是乐学的境界。

如何"乐学"

1. 改变观念

学习绝不是痛苦的，而是快乐的。学习真正的功夫不是靠毅力，而是靠兴趣，求知是高贵的快乐。

2. 方法科学

寻找科学的学习方法，不断提升能力。从最简单的地方学起，使自己找到胜任感。

3. 持之以恒

主动体会学习的快乐，合理利用激励机制：每次有了进步后给自己一个小奖励。把这种状态维持足够长的时间，形成习惯。并且定期自我检测，及时复盘，查漏补缺。

4. 劳逸结合

合理安排作息时间，学习和运动相结合，脑力劳动和体力劳动相结合，不仅能够提高学习效率，而且可以增强记忆，同时还能有效地降低失误率。

5. 量力而行

做出正确的自我评价，根据最近发展区理论，适度挑战，合理制订学习计划，规律地学习和生活。

吉祥物——小金鱼

"乐学"的吉祥物是小金鱼，它聪明机灵，乐学善思，乐于合作，妙招多多，在知识的海洋快乐遨游，如鱼得水，逆流而上，鱼跃龙门！

儿歌

小小金鱼水中游，

知识海洋做朋友。

如鱼得水享自由，

鱼跃龙门乐悠悠。

· 明 理 轩 ·

何为"明理"

1. 出处

《说文解字》中明确提到，明，照也。从月，从囧，"囧"是窗格。"明"的意思就是在漆黑的夜色中，皎洁的月光照亮了我们的窗子，这是"明"的本义。"理"，斜玉旁，从玉，表示与玉石有关，"里"为里面、里边，表示内部、内在，"理"字表示加工玉石，即把玉从璞石里剖分出来，顺着内在的纹路剖析雕琢，引申有纹理之意。

2. 内涵

"明理"是一种追求。"明理"一词就是告诉我们，要通过外在看内在，透过表象看本质，明白并遵循万事万物内部这些自然而本原的规律。所以说，理，是万事万物之"宗"。

如何"明理"

对于学校教育而言，"理"具体包含：教育之理、管理之理、学习之理、做人之理。如果说，"明理"是一种追求，那明理教育，就是要引导学生不断探究，以科学的态度对待科学，以真理的精神追求真理，悟道理、明事理、求真理。"明理"是我们每个教育者希望带给孩子们一生的财富。

吉祥物——小金狐

"明理"的吉祥物是小金狐，它机灵睿智、善于思考、富有远见、足智多谋、心思缜密、随机应变。

儿歌

小金狐，笑眯眯，

博学多才又伶俐。

明理轩里藏奥秘，

追求真理创奇迹。

· 思进坛 ·

何为"思进"

1. 思——立志

"思进"是一种精神。且思且进，以思促进。思者，立志也。

2. 进——进取

进，是行动力、意志力和洞察力的合力；进，是进取心、恒心和平常心的集中体现；进，是一路攀登的动力。

校园文化中，崇实为基，脚踏实地；乐学为桨，劈波斩浪；明理为灯，指明方向；思进为翼，展翅翱翔。"思进"是一种精神。意指小学教育最终要达到让孩子主动发展、全面发展、乐于进取、且行且思、且思且行、开拓创新的目的。

如何"思进"

1. 因爱而思

因爱而思：以梦筑梦，以智启智，以爱育爱，博学慎思，启迪智慧。

鲁迅先生曾说过，教育是根植于爱的。用爱的阳光普照学生，用真的知识教化学生，用善的言行引导学生，用美的甘露滋润学生。

爱是师德修养的基石，更是教育的法宝。以梦筑梦，以人育人，以智启智，以爱育爱，以身正身。

因为有爱，才有更多思考，"爱智"教育的起点是"思"。

2. 启智进取

启智进取：催生动力，踔厉奋发，笃行不怠，大胆实践，勇于创新。

"启智"指启迪智慧，催生动力，实现乐教、乐学。

"进取"指努力向前，争取进步，踔厉奋发，笃行不怠。

思考之后的反思与改进不应该停留在纸上谈兵，而是要大胆实践，勇于创新。因为有智慧，才有更多革新的动力，"爱智"教育的落脚点是"进"。

吉祥物——小金鹰

"思进"的吉祥物是小金鹰，它象征着自由、勇猛、力量、胜利、勇往直前、热血、锐利、独立、卓尔不群、振奋、坚毅、强韧、智慧。心有翼，自飞云宇天际；梦无垠，当征星辰大海。希望学子们通过在山大附小6年的学习，羽翼丰满，本领过硬，一飞冲天，鹏程万里。

儿歌

金榜题名诚可期，

鹰隼振翅扶摇起。

思得壮志博长空，

进取奋发渺云低。

目 标 解 读

明理教育就是要点亮山大附小每一个孩子的爱智人生。"爱智"体现了"明理教育"的内涵和精神价值，通过学校发展目标和育人目标的达成来实现这一精神价值。

学校发展目标

山大附小是大学中的小学，我们把学校的发展目标定位为"做小学中的大学"。

我们是山西大学的附属小学，特殊的体制决定了山大附小的特色：依托山西大学，始终浸润在百年山大的文化氛围中。深厚的文化底蕴与精神积淀是山大附小发展得天独厚的好资源，"大学中的小学"有更加广阔的发展空间。因此，我们将学校的发展目标定位为"做小学中的大学"，意指"在大学里把小学做大"。这一定位意蕴深远，包含多重理解。

1. 小学教育有大学问

小学是孩子们一生当中最重要的打基础的阶段。德国军事家毛奇元帅曾说过："普鲁士的胜利早就在小学教师的讲台上决定了。"如何遵从人的天性，深度理解和尊重儿童，激发他们对学习的兴趣、对世界的好奇心，融合、调动、激发他们的多种欲望和本能，实现学习的多点驱动，让他们爱上学习，爱上自己，爱上这个世界，这里面大有学问，值得我们用一生去学习、探索、实践，是我们终生研究的课题。

2. 传承经典大学之道

四书之首为《大学》，是孔子讲授"初学入德之门"的要籍，是一部中国古代讨论教育理论的重要著作，强调修己是治人的前提，修己的目的是为了治国平天下，说明治国平天下和个人道德修养的一致性。"大学之道，在明明德，在亲民，在止于至善。"我们不仅要传授给学生知识，还要培养学生正心、修身的品格。

3. 兼收并蓄有大格局

我们要把自己的理想与奋斗融入实现中华民族伟大复兴中国梦的时代洪流中，以开放的胸怀办学，立足山西、放眼世界，立足现在、放眼未来，兼收并蓄、博采众长。在实践"明理教育"的过程中，教育学生扎中华根、铸民族魂，培养学生具有远大的理想、宽广的胸怀、高远的境界，有公益服务的精神，有开阔的国际视野，有审美意识和创造美的能力，能主动适应，超越自我，勇于创新。

4. 打造品牌有大作为

这里可以从品质和数量两个维度解读。"品质"这一维度要求我们做优质教育。小学是基础教育阶段，就是要着眼于学生的全面、和谐发展，着力培养学生的综合能力，实现每一个学生的可持续发展。"数量"这一维度是指我们要充分发挥山大附小的品牌效应，将山大附小优质教育资源辐射范围扩大。我们将继续发扬山西大学的优良传统，送教下乡，帮助更多的薄弱学校发展。另外，还将顺势而为，采用集团化办学的形式，实现山大附小品牌效应的最大化，让山大附小的优质教育资源惠及更多的学子和家庭，体现山大附小以及山西大学对社会的责任担当。

育人目标

小学虽小，但使命重大，责任重大；小学虽小，但海阔凭鱼跃，我们可以有大作为。实现理想，需要将大目标分解。因此，我们确立了三级育人目标。

1. 育阳光自信的少年——爱祖国、爱家乡、爱学习、爱生活

身心健康、阳光自信，这是山大附小明理教育育人的首要目标。小学阶段正处于一个人的少年时期，阳光自信是每个少年应该具备的品质。正

如习近平总书记所讲，"从小就让社会主义核心价值观的种子在心中生根发芽，把国家、人民、民族装在心中，注重养成健康、乐观、向上的品格"。因此，我们育人目标的第一层是育阳光自信的少年，这里也与我们的办学理念"明理思进，点亮爱智人生"中的"爱智"对应。一个阳光自信的少年要懂得爱，爱自己，爱这一阶段身处其中的学习、生活和学校。爱是阳光，一个懂得爱、有能力爱的人，自然会充满自信。爱学习充满文化自信，爱祖国充满道路自信。6年的小学生活就是要通过明理教育，培养每一个学生热爱学习、热爱生活，成为有生活情趣、充满积极向上的正能量及自信的少年。

2. 育知书达理的学子——能勤勉、能慎思、能欣赏、能应变

这是我们育人目标的第二层。学生即学子，是小学阶段少年的身份特征。知书达理的学子应当具备勤于思考、善于反思的品质；应当具有一定的审美能力，懂得欣赏生活中一切美好的人、事、物；应当具有自我调整、自我反思、自我改变的品质。"能勤勉、能慎思、能欣赏、能应变"也是与知书达理的学子身份相对应的应该具有的品质。

3. 做仁爱理性的公民——有理想、有文化、有教养、有担当

这是我们育人目标的第三层。公民是每一个学子未来的社会角色，这一层目标指向学生的未来。我们的明理教育着眼于学生的长远发展，旨在培养有理想、有文化、有教养、有担当的现代公民，"国势之强由于人，人才之成出于学"。理想是一个人不断前行的动力。仁爱理性的公民是胸怀远大理想，心有家国情怀，有责任心、有担当的人；仁爱理性的公民还需有丰富的知识作基础，在读万卷书、行万里路的过程中提高自身修养；仁爱理性的公民还应具有独立的人格、拥有独立的判断。

这三级育人目标将总目标分解，立足现在，着眼未来，逐层提升。三级目标中，"四爱、四能、四有"指向培养全面发展的人这一核心目标，以学生发展的核心素养为依据，与"人文底蕴、科学精神、学会学习、健康生活、实践创新、责任担当"的六大方面素养相对应。从"四爱"——"四能"——"四有"体现了由"爱"趋向于"智"的过程，最终在明理教育过程中达到爱智统一。

实 施 路 径

　　愿景的实现要依靠具体的方法、路径。我们在办学的探索中，逐步明朗办学思路，在具体实践中，形成了特色化办学思维，找到了"明理教育"的实施路径：知理—究理—悟理—明理。

知理—感知—知规范，养习惯；知学问，厚基础

　　知理是明理教育的第一步，知理首先是感知。我们要做的是给孩子讲好"人生第一课"，帮助孩子扣好人生第一粒扣子。让孩子了解常识，知道基本的知识、规矩、规范，在学习成长的过程中养成良好的行为习惯；学习知识，重视基础，为今后的发展打下牢固的底子。作为基础教育的起始阶段，我们的小学教育要为学生打下厚实的知识基础、良好的行为习惯基础、可持续发展的学习能力基础、优秀的品行基础。

究理—探究—究方法，探奥秘；究规律，求本真

　　究理是第二步，知道基本的理之后，还要不断亲身实践，不断探究，知其然，更要知其所以然。在不断探索的过程中，找到本质、方法和规律，培养追随真理、捍卫真理、实践真理、探索真理的精神，掌握更多的理，探求做人做事的真谛。

悟理—反思—悟真假，常思辨；悟得失，善选择

　　悟理是第三步，找到"理"之后，如何将其内化，使自己成为明理之人，重要的就是"悟"。子曰："吾日三省吾身……"对于自己的一言一行常常反思，在学习、生活的过程中要努力培养自己的分辨能力，能分辨清楚真假、美丑、善恶、得失。并且善于选择，最后成为一个真正有智慧的人。

明理—践行—明情理，达会通；明爱智，做俊良

明理是我们最终要达到的境界，达即到达、通达之意。经过知、究、悟之后，达到情理会通，也就是爱智会通的境界。这一目标与山西大学的校训"中西会通、求真至善、登崇俊良、自强报国"相融合，浸润在百年学府的文化氛围中，百年山大永远是附小的精神家园。

"知理—究理—悟理—明理"的路径贯穿学校工作的每一个层面，是团队管理、教师育人、学生成长过程中应当遵循的规律，更是开展学校各项工作的思路和方法。

爱 智 管 理

　　一直以来，山大附小沿袭传统的学校管理方式，按照教学工作和学生工作分工，行政团队成员各负其责，单向管理。随着学校规模的扩大，办学要求不断提高，管理中出现了新问题。为了规范学生工作，保障学生课间安全，我校实行了师生课间值周制度。值周工作定时定岗，但是每到六年级教师和学生值周时，总是出现不能按时到岗的现象，原因是教师忙于讲题，或是学生被要求去改错等。当这个问题在行政会上被主管领导提出的时候，负责教学的领导表示，六年级师生升学压力大，学习紧张，要多理解，甚至提出不要安排六年级师生值周的要求。负责教学的领导认为，教学是山大附小的立校之本，学校工作要以教学为重；而负责学生工作的领导认为，安全是学校的生命线，一切工作都要为其让步。双方各持己见、互不相让。这样的冲突随着学校活动的增多，在我们的管理工作中屡次出现。行政管理人员各自为政，缺乏相互理解，团结协作不够。教师疲于应对，无所适从。拿山大附小主校区来说，行政管理团队仅有 6 名成员，要管理 100 余名教师、3000 余名学生，确实显得力不从心，导致日常管理存在盲点、疏漏。一段时期，学校管理问题频发，管理效能低下。如何解决管理中出现的问题，是我们管理团队需要探索的课题。

　　以规范养习惯，用习惯做事情，这是践行"智"，也是对"智"的进一步认识。以智慧管理育智慧师生，培养理性思维，理性做事。在知理、究理的过程中悟理，最终达到明理的境界，这是学校的智慧管理理念。在探索中，我们开发出"岗位负责制"和"年级负责制"相结合的网状管理新模式，最大限度地发挥行政团队每个人的作用。明确职责是第一步，行政团队 6 名成员根据各自的能力、特点，能岗匹配，各有分工，各有侧重，各司其职。同时结合学校特点，将管理团队按照年级分配，各自负责一个年级。行政团队每天深入年级组，同年级组长共同管理教学、考勤、纪律、卫生、安全、家校联系等日常事务，全面了解本年级学生和教师的学习、工作状况，及时发现问题并解决问题。这样的管理模式，增强了行政团队的大局意识。工作中发现问题，大家共同商议，一起解决。从单向管理变多项管理，从点到面，从微观走向宏观，视野开阔，格局变大，领导力提升。

学校是一个规范的组织，要强调制度的规范。我们从工作程序和规范入手，把年计划分解为学期工作流程表，又将学期工作分解为每月工作流程表、每日工作流程表。将一天的各项管理工作按照时间段和种类进行划分，设计了《山大附小学校管理工作手册》，使工作责任明确，目标清晰，流程清楚，可操作性强。这样，从学生早晨入校到放学清校，从老师上课到课间师生值周，都制定了细致的规范，并且有专人检查和记录。每个时间段做什么、怎么做，什么问题该找什么部门，每一个人都清楚。同时，为了及时发现问题并改进，还开展规范工作的"一周一总结、一月一表彰"活动。这样的管理模式，既符合小学教育管理的基本规律，又能让师生感受到管理的温度。爱智并举，真正落实重细节、重常规、重起始、重总结，这就是爱智管理之理。

我校的爱智管理历经 1.0 版、2.0 版，到现在的 3.0 版，始终在不断发展、不断完善。

明 理 课 程

如果把教室比作河道的话，课程则是水流；两者相得益彰时，才会有教育的精彩涌现。以立德树人为目标，坚守教育的初心，遵循"知理—究理—悟理—明理"的路径，以培养学生的核心素养为出发点，我们逐步构建起了"明理教育"多彩课程体系。"明理课程"就是拓展基础课程，打破学科边界，进行跨学科统整，实现"项目+体验"的学习，它包括"植根、启智、塑品、赋能"四大课程体系。(见下表)

山大附小"明理课程"体系

育人理念		明理思进　点亮爱智人生			
育人目标		阳光自信的少年、知书达理的学子、仁爱理性的公民。			
课程体系		明理课程			
课程领域		植根课程 (学科文化课程)	启智课程 (阅读文化课程)	塑品课程 (主题文化课程)	赋能课程 (学院文化课程)
课程目标		知学问 提能力 厚基础	长见识 究规律 增智慧	知规范 养习惯 明爱智	扬个性 育特长 蓄能量
课程设置及实施	课程内容	数学思维、经典诵读、运动健身等	读书、研学	德育教育	艺体、社团、个性
	课程实施	·我行我速（口算、视算） ·我秀我数（思维拓展、讲题） ·乐动悦美（阳光韵律操、运动会、跳绳比赛、蛇行跑等） ·吟经诵典 ·笔舞墨香 ·英才英韵	·悦读悦美（童话话童年、好书伴我行、演说家等） ·研学实践（博物馆、植物园、民风民俗研学；跟着课本游世界）	·班队会课程 ·安全系列课程（消防演练、安全队会、主题教育参观等） ·毕业课程 ·迎新课程 ·红歌演唱会 ·大拇指课程（一日班长、班级值周长等）	·百业讲坛 ·机器人创客 ·创意 DIY（面塑、书签、科技制作等） ·合唱团 ·舞蹈团 ·器乐团 ·绘画 ·球类
评价		学优少年	智慧少年	美德少年	多彩少年

　　"植根"课程主要包含学科文化课程，这一课程体系是基于学科领域的课程开发。学科教学是我们教师的专业，作为既知教材又懂学生的教师，我们在国家课程的留白处、延展处研发出各类"基于学科"的拓展性课程。我们的"植根"课程主要包括：数学思维类、经典诵读类、运动健身类等，我们希望"植根"课程与国家课程相结合，努力为学生打下厚实的基础。

　　"启智"课程指向阅读文化课程，包括：悦读悦美（童话话童年、好书伴我行、我的榜样等演讲）、研学课程（博物馆、植物园、民风民俗园研学，跟着课本游世界等）。朱永新教授说："一个人的精神发育史就是他的阅读史。"我们希望"启智"课程能带着孩子们"读万卷书，行万里路"，在阅读中长知识、增智慧。

　　"塑品"课程是指主题文化课程，这类课程侧重于学生的德育教育，包括班队会课程、安全系列课程（消防演练、安全队会、主题教育参观等）、红歌演唱会、大拇指课程（一日班长、班级值周长等）。"塑品"课程就是让孩子们在情境性较强的课程中，养成习惯、锤炼意志、塑造品格，成长为一个有爱有品之人。

　　"赋能"课程可称为"私人订制"，指向学院文化课程，它主要包含在艺体、科学等众多内容的社团课程当中，"赋能"课程的实施就是要面对差异，给孩子们提供多种选择，就是要从个人兴趣出发，着力于特长和能力培养，让课程为孩子们赋能，让他们凸显个性，飞得更高，飞得更远。

　　与四大课程体系相对应的评价是：学优少年、智慧少年、美德少年、多彩少年。

　　基础教育是提高民族素质的奠基工程，素质教育是基础教育的内在要求，在"明理教育"的探索实践过程中，遵循"明理教育"的实现路径，我们扎实工作，以人为本、因材施教，注重学用相长、知行合一，不断探索，勇于创新，以我之"爱智"，育人之"爱智"，用爱智点亮山大附小。让每一位附小人都能在"明理教育"的浸润中幸福成长，收获属于自己的爱智人生。

第二章　明理篇

MINGLIPIAN

　　六十载明理思进，守正创新。浸润在百年学府山西大学的精神文化中，山大附小始终坚持"以德为先"的育人思想，在传承山西大学"中西会通、求真至善、登崇俊良、自强报国"的文化精神中，不断深化教育教学改革，逐步构建了日臻成熟完善的明理教育体系。在明理教育的滋养下，管理者明管理之理，教师循育人之理，学生得学习之理，家长在家校共育中悟教育之理，多方携手，多措并举，构建起家、校、社全方位育人共同体。一个个感动人心的育人故事将明理教育理念娓娓道来，一篇篇蕴含智慧的经典案例将山大附小的育人特色彰显无遗。

（姚国瑾为庆祝山大附小建校六十周年题字）

管理有方

明管理之理　做爱智教育

马伟兰

1990年7月14日，我拿着派遣证来到山大附小，见到了可敬的老校长陈素芳，看到了只有两排平房的校园。从那天起，我成为山大附小的一名教师。一晃已是30多年，国家发展日新月异，山大附小也与时俱进，从当初的几间低矮平房到现在成为当地一所小有名气、令人向往的学校，这是一代代附小人砥砺奋斗的结果。可以这样说，我见证了山大附小一天天的发展壮大，山大附小也见证了我一年年的成长。多年的工作经历让我明白：一所好学校一定有一位热爱教育、思路清晰、统揽全局、运筹帷幄的好校长；有一群爱岗敬业、爱生如子、教学技艺精湛、无私奉献的好教师；一批批热爱学习、热爱生活、阳光自信的好孩子；还有许许多多胸怀宽广、目光长远、支持教育的好家长。

人民教育家陶行知说过："校长是一个学校的灵魂。"校长是教育的传播者、实践者和领导者，是学校教育的核心和关键，是学校牵一发而动全身的"命脉"，校长工作的得失往往直接关系到学校教育教学的兴衰。一所学校的发展，校长的作用至关重要。山大附小很幸运，从建校起，每一任校长在关键节点都抓住了机遇，在任期内为附小的发展做出了巨大贡献。我经历的三任校长都让我敬仰，三位身上具备一种共同的品质，那就是：雷厉风行、敢闯敢干、勇于创新。陈素芳校长早在 20 世纪 80 年代就为一年级学生开设英语课，那在当时绝对是创举；国家 2021 年出台"双减"政策，要求学校实施托管，而山大附小在 1988 年就实行托管了；郭光珍校长在 20 世纪 90 年代初就把山大数学系教授引进山大附小进行思维拓展训练，大学教授教小学生，在当年也称得上是敢为人先；徐丽华校长带领山大附小进入新世纪，狠抓教学质量，进行合作办学，实现了山大附小的第二次搬迁，为附小的发展提供了更大的空间。

从她们的身上我学到了很多，结合我的工作经历，我觉得要想办好一所学校，作为校长，应该努力营造一种氛围，一种积极向上的教育生态，用生命感动生命，用行动带动行动，相信梦想，不懈奋斗。校长应该具备"四力"：定力、活力、创新力、持久力；把握教育的四个度，让教育有温度、有深度、有高度、有厚度。

爱智激发活力，让教育有温度

教育肩负为党育人、为国育才的神圣使命，关系到民族复兴，是一项伟大的事业。作为一名教育工作者，我们能参与到这样一项伟大的事业当中，这是时代赋予我们的光荣使命和责任，我们何其有幸！美国作家爱默生说过，有史以来，没有任何一项伟大的事业不是因为热忱而成功的。这种热忱，对于教育人来说，就是要有活力。想要成为一名优秀的校长，首先就要有活力。怎样才能有活力呢？我想，校长的活力应该表现在状态有激情、工作有热情以及面对困难保持积极乐观。

1. 激情是活力之源

火车跑得快，全凭车头带；车头没有油，跑得不如牛。作为学校的管理者，性格、做事风格可以不同，但要举旗帜、带队伍，就一定要有工作激情。激情是一种强烈的情感，是一个人工作的内驱动力，是成功的内在源泉。在激情的推动下，一个人的才华才能真正得以发挥；没有激情，工作和事业很难有起色。朱永新先生曾说过："实际上，做任何一件事情，尤其是管理一所学校，作为校长，最重要的应该有一种激情，应该有一种创造冲动，有一种不断挑战自我的成就动机。"我认为这是最重要的。

激情从何而来呢？我认为首先源于责任感和使命感。校长心中一定要有学校发展的宏伟蓝图，有个性特色的教育思想和办学梦想，内心涌动着一定要办好学校的愿景。面对问题和挑战，校长要成为自主扎根的大树，带领团队成为拥有生长活力的森林。校长要把一切艰难困苦转化为向上的动力，内心涌动着自我变革的内生力，要用自己的激情激发教师的激情，再用教师的激情点燃学生的热爱。校长、教师、学生的激情融汇在一起，校园才能充满浩然正气、蓬勃朝气、昂扬锐气，永葆生机与活力。

作为校长，需要把自己"燃"起来，才能助燃身边的伙伴。激情表现在行动中，激情表现在文字里。为了激发大家的激情，我经常会在开会时分享自己写的小诗，和老师们共勉。

附小士气歌

年级负责任务明，精细管理目标清。

全员育人共参与，家校配合促共赢。

老带新兵齐上阵，同课异构显匠心。

作业改革动脑筋，不在于多在于精。

社团活动展风采，经典诵读添底蕴。

安全教育记心间，行为规范更文明。

师生携手齐努力，附小处处好风景。

撸起袖子加油干，新的一年一定行！

运动会文明参赛歌

场上比竞技，场外比文明。

场上比秩序，场外比热情。

场上比个人，场外比团体。

场上比心态，场外比格局。

学生比素养，教师比管理。

场上输赢变数多，场外文明定乾坤。

师生携手齐努力，场内场外皆美景。

己亥杂诗

附小生气恃风雷，万马奔腾气象新。

我愿大家齐抖擞，不拘一格皆人才。

附小版"慧"生气歌

（"慧"生气：让教育有生气。）

开学之初莫生气，各项工作理清晰。

事务繁忙是常态，提早规划巧布局。

备课讲课重整体，教学进度要牢记。

常规工作抓落实，重点工作出精品。

工作安排更合理，爱智管理暖人心。

千头万绪总归一，从容应对有条理。

遇到困难莫生气，寻求办法是第一。

盖住盖子稳情绪，冷静下来再处理。

有缘同组共学习，同伴互助心更齐。

师徒结对传帮带，青蓝共进显匠心。

办法总比困难多，汇集众智解难题。

崇实乐学又明理，同路同行共思进。

家校沟通莫生气，负面情绪断舍离。

同理共情是能力，换位思考添和气。

世上人有千万种，哪能事事都如意。

高声上天低入地，他人吵闹别入心。

胸怀广阔同天地，爱智化解增底气。

正面思考更积极，学生家长都受益。

教育是个大难题，做好真的不容易。

状况百出莫生气，读书教研勤学习。

学生应有书生气，教师提升书卷气。

学校充满书香气，教学处处显生气。

建立学习共同体，育人育心更育己。

携手同行齐努力，附小未来更美丽。

2. 热情是活力之本

如果说激情是活力之源的话，那么热情则是能使活力保持更持久的动力和根本，它指人对待他人或事物所表现出来的热烈、积极、主动、友好的情感或态度。校长管理着一个学校的教育教学，工作繁杂，要想使学校的各项工作有声有色，生机勃勃，需要对工作保有长期的热情。热情能够温暖他人，给他人带来动力。教师需要有工作热情，学校的各项工作需要有热情的人来做。教师喜欢有热情的校长，因为校长的热情能给学校带来蓬勃的生机，唤起教师的激情。这样的环境，这样的温暖，对教师个人的成长是难得的营养。

怎样才能保持长期的热情呢？这里介绍一个方法即"四步燃起热情，动力源源不断"。第一步，描绘一幅你理想中的教育蓝图，用梦想倒推法，唤起心中的渴望；第二步，让梦想可视化，根据苏联心理学家维果茨基的最近发展区原理，目标离你越近，你的动力越足；第三步，正向反馈，自我激励，奖励不断向梦想靠近的自己，为自己鼓掌；第四步，与优秀者同行，养成好的习惯，习惯比自律更重要。

作为管理者，我们的热情，源于对教育事业的热爱。因为热爱，所以投入；因为热爱，所以执着。校长应当有一颗年轻的心，应当满怀热情，激情飞扬，这样才能走进师生的内心，与师生心灵相通、心心相印。

3. 乐观是活力之底色

同样是半杯水，乐观的人看到的是还有一半水，悲观的人看到的是只剩一半水。不同的人生态度，获得的是不同的人生。生活中，我们都有这样的感受：那些拥有积极乐观的生活态度的人，总会聚集更多的正能量，形成强大的能量场，因而总能心想事成。我个人非常喜欢这句话："生活虐我千万遍，我待生活如初恋。"成为有活力的校长，就是要拥有积极乐观的人生态度。

校长的工作纷繁复杂，对内要搞好教学、做好管理；对外要协调各单位各部门，甚至要成为公关高手。社会对教育的要求越来越高，既要保证教学质量，还不能增加学生的课业负担；既要让孩子们全面发展，还必须保证他们的安全；既要教师严格要求，还必须保护好孩子们的自尊心；既要教师认真备课，完成专业培训、课题研究，还要讲好课，批好作业，必要时参加一些社会公益活动，同时也要做好家校工作，处理好家校矛盾。这些工作天天摆在面前，要我们去做。稍有不慎，某一方面出现问题，就会让工作陷入困境。如何解决这些问题，首先就需要我们有积极乐观的心态。拥有这种心态，能使我们在看待问题时带着积极的态度，解决问题时迸发出无穷的智慧。面对繁杂的工作，如果你把它们都看成是问题，那你每天都会有解决不完的问题；如果我们以欣赏的眼光看待周围的一切，站在自我成长的角度看待遇到的困难，人生将处处是风景。生活就像一面镜子，你对它笑，它也会对你笑。看淡不能改变的，去做自己能做的事情，那些当时无解的事也许会随着岁月的流逝、阅历的增长而变得微不足道、云淡风轻。因此我认为，乐观是活力之底色，是校长完成任何工作，甚至是解决困难的不二法门。

2013 年，面对国家义务教育均衡检查，我真正经历了一次成长。那是一段非常难忘的工作经历，办学资金不足，教学设备简陋，眼泪和抱怨没有用，只有一个办法，那就是竭尽所能想办法！直至目前，学校图书、课桌、第一个机房的电脑、乒乓球台、草坪、校训石都是爱心人士帮助解决的。车到山前必有路，没有过不去的坎儿。什么是勇敢坚强？什么是"漫卷诗书喜欲狂"？我有了切身的体会。难吗？难并成长着、快乐着！乐观能让我们变得自信，自信会让我们更有力量。

制定学校的发展目标时，大家各抒己见，当"我们是大学中的小学，我们要做小学中的大学！"闪现在眼前时，我们欢欣雀跃。小学教育大有学问，传承经典有大学之道，兼收并蓄有大格局，打造品牌有大作为。"我们是大学中的小学"体现的是山大附小的特色，"我们要做小学中的大学"则体现了附小人身上的乐观与自信。事实上，这种高校附属学校的办学艰辛，怎一个难字了得？但我们乐在其中。

法国作家罗曼·罗兰说过，世界上只有一种英雄主义，那就是在看清生活的真相之后，依然热爱生活。教育亦如此，尽管前路千难万险、千变万化，但我们对教育的热爱不变。让我们不断给自己注入活力，给他人注入活力，大家彼此温暖，共同提高，努力做有温度的教育。

爱智涵养定力，让教育有深度

当今世界飞速发展，风云变幻，这是一个以"变"为主的时代。如何才能适应这飞速变化的世界？我们常说，要以不变应万变，我心中的那个不变就是定力。

1. 静下心来学习思考，加深感悟提升脑力

现代社会，教育所处地位之重要，所起作用之重大，所面临环境之复杂，是过去任何时代和社会所无法比拟的。正是这种变化对校长的素质要求越来越高，不仅要求校长成为一名出色的管理者，而且要求校长成为专家学者，这是时代赋予的使命，是形势发展的需要，也是校长应有的追求。要成为专家学者型校长，首先要做到的就是静下心来，学习思考。这也是提升自身定力的途径。

学什么？首先，要学习国家关于教育的政策方针，因为这些政策方针都是国家对于教育的顶层设计，顶层设计中不仅有方向，还有方法论。学深悟透，就能让我们的工作保持正确的方向，切记"方向比努力更重要"。其次，要学习管理知识，学习教育的专业知识，学习先进的教育教学理念和案例。只有多学习、多思考、懂政策、懂教育、懂方法，才能起到引领作用，带领大家做正确的事。

怎样才能腾出时间，静下心来，学习思考呢？我的心得是用升维的方

式管理时间，做好时间管理加减法。我们要为工作做好规划，在全面协调好各种角色关系的前提下，做到有所为而有所不为。所谓规划就是做好时间管理，有效提升工作效能。学习高手都是时间控，建议大家阅读《高效能人士的七个习惯》一书，相信它会带给大家一些启示。我认为积极主动是态度，以终为始是坚守，要事第一是原则，双赢思维是气度，知彼知己是战术，统合增效是结果，不断提升是追求。

每个人一天都是 24 小时，我们运用加法思维，把每天的零碎时间用起来，把有些工作整合起来，提高效率，学会统筹，把效率叠加，做加法，一举多得。比如备一堂公开课很不容易，我们在讲课的时候可以把它录下来成为录像课；把课后反思试着投稿发表；把教案整理成教学设计，写论文时当成案例。把效率叠加，1 变 1.5，变 2，变 3，效果倍增。

时间管理还有重要的一条是用减法，要做到有所为有所不为。作为一校之长应当明白，自己在学校的角色是一个策划者、组织者、指挥者，而不是事事都去执行的实践者。取舍是管理者的智慧，因此在管理的过程中，要勇于放权，懂得授权。具体来讲，就是要将管理重心下移，进行放权、分权，充分发挥中层管理者的能动作用。校长在管理工作中要注意做到"放手"而不"撒手"，属于下属职责范围内的事，要让下属自主决策，不乱加干涉，使其从内心感到自己手中的权力是实的、肩上的责任是重的。校长应努力从繁杂的具体事务中解放出来，腾出更多的时间学习思考，不断充实自己，做好顶层设计。校长要思考的问题是营造氛围、外塑形象、内管方向、助力师生共成长。领导者要做正确的事，中层要正确地做事。决策是目标，行动是途径。

2. 深入一线研究教学，专业精进练好脚力

苏联教育家苏霍姆林斯基曾说过，如果你想成为一个好校长，那你首先就得努力成为一个好教师。教师的用武之地在课堂，学生学习的根基在课堂，课改的关键和主阵地也在课堂。校长要研究课堂，把目光聚焦在教学和管理的每一个环节。优秀的校长，没有一个不重视、不精通教学研究的。如果一个校长只是忙于应付杂事，而不关心课堂，不关心教师和学生，不能深入一线进行教学与管理的研究，在专业问题上才疏学浅，没有话语权，这个校长就没有威信、没有尊严。

教学质量是每个学校的生命线，要想提升教学质量，就需要校长能深入课堂，在教室里找问题，找解决问题的方法。一句话就是校长要懂业务。这一点也是我作为校长时刻提醒自己要坚守的底线。作为校长，要扎根课堂，保持教学研究的自觉性；要不断更新知识，坚持教学研究的科学性；要牢记结合实际，增强教学研究的针对性。只有这样，才能发现问题，掌握方法，探索规律，牢牢抓住教学质量这条学校发展的生命线。

3. 洁身自好守住底线，自我革命提高"免疫力"

校长对外代表着学校，对内与其他班子成员承担着对学校这个组织中人、财、物的支配和调控重任。在办学过程中，经常要面对各种各样的名与利的考验、诱惑和冲击。在这样复杂的环境下，作为校长，更要洁身自好，守住底线，不断提高自身的免疫力。

提高免疫力的方法就是要强化自律，设置红线。自律对普通人来讲是一种美德，但对校长来说则是必要的职责和能力。因为自律能使人身体健康，心灵洁净，意志坚强。如何实现自律？两位中外圣贤孔子和毕达哥拉斯给出了最好的建议——自省。"吾日三省吾身"，当自省成为习惯，自律自然就做到了。另外，还可以通过多种途径用他律的方法加强自律：学法、知法、懂法、用法；实行民主管理，增加管理透明度；加大学校及社会监督力度。在原则问题上立场坚定，有边界、有红线，温柔而坚定地做应该做的事。党的十九届六中全会决议指出，坚持自我革命，是中国共产党百年奋斗的历史经验之一。自我革命是党永葆青春活力的强大支撑。

"自我革命"也应该成为我们自身的鲜明品格。敢于自我革命，不怕暴露问题，勇于革新，树立良好形象。

2021年9月，我们在学校门口设置了校长信箱，还设立了电子邮箱。畅通家校沟通渠道，加强监督力度。我们的宗旨是，我们不需要知道提建议的人是谁，但我们想知道还能为教育做什么，还有哪些不足需要改进。有问题及时解决，有错误马上改正。

校长是一个学校的定海神针，是学校教育生态环境的缔造者，好校长就像一个好园丁，他每天都在浇水、施肥，必要时除去杂草，满腔热忱地期待百花盛开的春天。

爱智生发创新力，让教育有高度

创新是一个民族进步的灵魂，是国家兴旺发达的不竭动力。这个时代变化太快了，以前我们向前辈学习，学到的东西足以解决工作中遇到的问题。但是在这个飞速发展的时代，我们仅用已有的经验是无法应对不确定的未来的。对于一所学校而言，创新是学校生存和发展的重要因素。学校的发展在于改革，改革的关键在于不断创新，校长的创新力是学校发展的重要动力源之一。作为校长，要有前瞻性，具有开拓意识和创新能力，能周密系统地分析学校的内部环境和外部环境，审时度势，扬长避短，办出学校特色。

我们大家都知道创新的重要性，也都渴望在工作中有所创新，但是创新谈何容易。其实我们不必把创新看得那样高大上，做好平时工作，在继承的基础上做出改变就是创新；用新的方法解决了一个老问题，这也是创新。可以说创新无处不在，正如陶行知先生所说的那样："处处是创造之地，天天是创造之时，人人是创造之人。"那么具体来讲，在平时的工作中如何提升自己的创新能力呢？

1. 在危机中育先机

"危机"这个词，由"危"和"机"这两个字组成，"危"可以是危险、危局、困境、困难、挑战；"机"则是指机会、机遇。在"危机"当中，危和机同生并存，危中有机，危可转机，克服了"危"就赢得了"机"，一句话：挑战与机遇并存。形势的巨大变化往往是破旧立新、格局重塑的重要推手。面对困境，我们要积极努力地去发现机遇，抓住机遇，创造机遇。

从2021年6月份开始，国家相继出台"双减"政策及"5+2"模式。各个学校的重点工作就是落实"双减"，学生和教师在校时间统一延长。怎么体现我们的优势？我们觉得机遇又来敲门了，山大附小的教学质量大家认可，但作业负担重也是有目共睹。

我们首先正视问题，从作业改革入手，自我革命，标本兼治。发放、奖励免作业卡，让学生有自主权；布置分层作业，让学生有选择权；建立作业公示制度，让大家有监督权；调整课表，大课间、托管前置，避免拖堂，同时为教师预留备课和批改作业的时间，体现学校的担当以及对师生的关怀；改进家庭作业要求：一、二年级无书面家庭作业，其他年级在学校托管课上必须完成一门学科的作业，回家后做作业时间不能超过一小时，保证睡眠时间；加强集体教研，提升教师专业素养、优化作业设计，科学设计作业，在提高教学水平上下功夫，向课堂要质量。

面对困境，我们不抱怨，而是积极想办法，发现机遇，抓住机遇，创造机遇，赢得机遇。

2. 于变局中开新局

我们常说，这个世界唯一不变的就是变化。可以说，变化是我们生存的常态，教育也是如此。时代在发展进步，人们对教育的要求日益提高。作为校长，必须要抓住每一次变化的机遇，准确识变、科学应变、主动求变。在应对变化中，校长能否抓住机遇、应对挑战，在变局中开新局，关键看是否有识变之智、求变之勇、应变之方。

我们深知问题即机遇，难题即课题。因此，我们以教研的创新，应对教材之变；以活动的创新，应对课程之变；以管理的创新，应对学校发展之变。

3. 于常规中创奇迹

创新能力是校长的必备素质，是校长能力结构的较高层次，优秀领导的成功法则是思想创新加工作创新。校长要确立创新理念，在管理学校行政和业务的过程中，既要有强烈的创新意识，又要在行动上勇于探索，开展创新实践。多年的工作经验告诉我，所有的创新都是以"问题为导向"的。只有扎扎实实做好常规工作，才能够在常规工作中发现问题、解决问题，可以说常规工作是创新的沃土。

随着学校办学规模的扩大，学校的管理工作越来越复杂，每一项工作都需要做实做细。如何破解管理难题，既降低管理成本，又提高管理效能？在探索中，我们引入一些企业管理的办法，创新管理模式，推行岗位负责制、年级负责制、清单流程制、项目负责制、学科长负责制，充分发挥团队每个人的作用，从单向管理变多项管理，从点到面，从微观走向宏观。这样交叉立体的管理模式，符合管理规律，有效地实现了管理无死角。统一决策，分工负责，深入细节，讲求实效。只要我们愿意，创新点真的很多，教育中不缺少创新，而是缺少发现创新点的眼睛。

爱智永葆持久力，让教育有厚度

百年大计，教育为本；十年树木，百年树人。教育是一项持久的事业，需要我们静下心来，耐住寂寞，抵住诱惑；需要我们在时间与空间的交错中，持久发力，精耕细作，久久为功。用爱与智慧永葆持久力，让教育有厚度。

1. 牢记使命，守初心

一百多年党的发展历程昭示我们：初心和使命是一切事业持续发展的动力之源。正是由于始终坚守初心和使命，我们党才能在极端困境中发展壮大，才能在濒临绝境中突出重围，才能在困顿逆境中毅然奋起。国家如此，教育亦然。永葆持久力，我们必须不忘教育初心，牢记育人使命——为党育人、为国育才，落实立德树人的根本任务，培养德智体美劳全面发展的社会主义建设者和接班人。担当育人使命，需要我们深入洞察教育规律，摒弃功利主义，扎下根来，精思细研、精耕细作、久久为功。

我们常说，做教育就像是做农业，需要肥沃的土壤。华夏几千年来的农耕文化，体现的是一种"应时、取宜、守则、和谐"的精神内涵，做教育也需要恪守这样的原则，就像春种、夏长、秋收、冬藏，雨水滋润、阳光曝晒、寒风凛冽、大雪覆盖。教育必须是慢的、自然的，需要和风细雨的滋润，也需要严寒酷暑的考验，需要始终向根部用力。所以，做教育就是要做那些看不见的、慢的事情。什么是看不见的、慢的事情？是德，是才。一个人能行稳致远、获得成功必须要有德行，有能力。德和才是人发展的根基，品德要立，人才要树，这就是德才兼备、立德树人。所以，用爱智做教育就是坚守教育的初心。

为学生的终身发展奠基，我们要重视根性教育，立德树人并重，德智体美劳五育并举。学校应当通过课程，培养学生的根，即强健的体魄、高尚的德行、创新的思维。这里想强调的是，课程体系中要重视德育课程，特别是要着力研发体验式的多元德育课程，变传统的说教为沉浸式的体验，使学生在实践中锻炼、成长。学校的校本课程体系中，塑品课程就承担着这样的任务。做根性教育，做看不见、慢且正确的教育，价值一定是在不断叠加，虽然时间久，但它总有一天会兑现为孩子的真正成长，成为决定其一生高度、广度、厚度的底层代码和操作系统。

2. 构建文化，聚人心

文化无论是对个人还是对集体而言，都有着至关重要的作用。作为以育人为首要任务的学校，校园文化的研究与建设尤为重要，它不仅是学校的精神标识，更是凝聚人心、引领发展的强大精神力量。在构建校园文化的过程中，我深切地感受到了"文化建设"的强大力量和重要作用，校长应该是校园文化的践行者、引领者、营造者、坚守着、传播者。

"传承、发展、创新"是我们校园文化建设过程中应当遵循的思路。校训"崇实、乐学、明理、思进"是我们集体智慧的结晶，概括出附小人所具备的性格特点、做事态度、价值追求、精神品质。"乐"字形校徽是山西大学美术学院刘维东教授设计的，涵盖了山大附小的办学理念和办学特色。山大附小的办学理念是"明理思进，点亮爱智人生"，"爱智"是其中的核心。爱智教育的理念是由山西大学教育科学学院刘庆昌教授首先提出来的。第一次听到刘教授谈关于"爱智统一"的教育观点时，我豁然开朗，这就是教育的本质，和育人的根本任务"立德树人"以及育人目标"德才兼备"高度契合。我们教育人就是要让孩子们因爱高飞、因智行远。

小学校，大学堂；小学校，大社会；小行为，大素养；小训练，大成长。大中有小，小中见大。大学中的小学，小学中的大学，我们在"大"和"小"之间下功夫，以文化人，爱智育人，我们重任在肩。

3. 善意沟通，用真心

对于管理者而言，沟通能力至关重要。美国管理学家巴纳德认为，"管理者最基本的功能是发展和维系一个畅通的沟通渠道"。美国管理大师卡耐基曾经说过，"一个人的成功，约有15%取决于知识和技能，85%取决于沟通"。作为一名教育人，应该具备良好的沟通能力，甚至夸张点说，做好沟通工作，教育就成功了一半。在沟通过程中，心怀善意，用心体会对方的处境；换位思考，揣摩对方的心理，理解对方的情绪，努力产生共情，达到双方的相互理解和支持，最终促成问题解决，这才是最好的沟通方式。"善意是真正的软实力"，心存善意去沟通，理解他人，很多问题都会迎刃而解。正所谓"不以任何人为敌，便天下无敌"，化敌为友是人生的大智慧。

4. 精研课程，显匠心

课程是跑道，是办学理念的窗口，也是办学品质的试金石。永葆持久力，需要在课程建设上花时间、下功夫。理想的课程就像一座森林，是一个可供师生自由呼吸的生态系统。它是多样的，能为不同的个体提供多种选择、多样发展的可能；它还能够不断生长，自我完善，这是课程建设之理。基于这样的理解，我们开发出特色校本课程——"明理课程"体系。

"明理课程"包含"植根、启智、塑品、赋能"四大课程体系。"植根"课程指向基础素养提升，它是在与国家课程、地方课程相结合的基础上研发的校本课程；"启智"课程指向阅读文化课程和研学课程，注重思维拓展、智力开发；"塑品"课程指向主题文化课程，侧重于德育教育，注重心理体验、品格塑造；"赋能"课程被称为"私人订制"课程，主要包含在艺体、科学等众多内容的社团课程和活动课程当中，注重兴趣培养、潜力挖掘。

"明理课程"体系的建构，基于学生发展的需求，基于"生本洞察"。这样的课程，为学生找到了成长的通道，孩子们可以在全面发展的同时，兼顾个性发展。无体验，不学习；无经历，不成长。我们努力做富有特色的校本课程，在"明理课程"的实施过程中，努力用爱智点亮孩子们的兴趣、热爱，成就孩子们的幸福人生。

回望这30多年的教育之路，尽管忙忙碌碌，经历了无数的困境与考验，但我的内心依然充满感恩。在接下来的日子里，让我们一如既往地在教育战线耕耘，心中有爱，眼里有光，永葆活力、定力、创新力、持久力，做有温度、有高度、有深度、有厚度的教育。因为，我们的样子，就是学校的样子；我们的样子最终会成为中国教育的样子！让我们为中国教育的伟大未来一起努力！

涵育数学核心素养 培养卓越时代英才

——兼论山大附小数学语言培育的实践

张月建

数学核心素养作为新时代数学教育的旨归，被越来越多的师生认可，已成为教育界和学术界研究的热点和焦点。数学语言是数学核心素养的重要组成部分，对核心素养的养成具有不可或缺的重要作用。高效培育学生的数学语言能力已逐渐演变为教育者必须完成的时代课题。

数学语言之要义

语言是人类沟通交流的工具，是人类思维的一种表达方式，更是蕴含丰富信息、进行知识传递的重要载体。数学语言有别于我们日常交流所使用的语言，是一种特殊而内涵丰富的语言。目前，学界对于数学语言还没有标准而统一的定义。按照多数学者常用的表述，数学语言是一种既能准确、完整、全面地表达数学思想，又能准确阐述数学名词、定义、法则、术语、定理、公式及其推导的专门语言。因数学知识在其他类知识中具有独具一格的特殊性，数学语言也具有与一般语言不同的特点，比如精确性、抽象性、普适性、逻辑性、简洁性与形式化等。数学语言承载了丰富的数学知识、数学内容、数学思想，是数学知识表达、传递的重要载体，是与物理、生物、化学等学科知识相互交流的高效媒介，被称为"宇宙交际的理想工具"。

数学语言对核心素养培育的重要意义

2022年版课标对数学核心素养作了明确的界定，即"三会"，可以表述为："会用数学的眼光观察现实世界；会用数学的思维思考现实世界；会用数学的语言表达现实世界"，具体表现为数感、量感、符号意识、运算能力、几何直观、空间观念、推理意识、数据意识、模型意识、应用意识以及创新意识等11个方面。数学语言能力直接关系着学生数学核心素养的形成。从数学核心素养的内涵来看，数学语言是其基本的组成部分，是"三会"中的一个方面，是学习、掌握数学知识的前提。从教学实践来看，数学语言能力的培育对数学核心素养的形成起着极为重要的作用，具体表现为：数学语言是高度抽象化的语言，蕴含丰富的数学思想，可以帮助学生高效地训练数学思维，将其表征的抽象的数学知识内化，有助于提升学生的数学思维能力和理解力；数学语言是数学化的科学语言，可以帮助学生对纷繁复杂的现实世界进行抽丝剥茧式的理解与思考，以科学化的方式进行表征与展现，更可以将现实世界中的问题抽象为数学的问题并以数学化的方式予以解决，提升学生解决实际问题的能力。因此，数学语言对于学生核心素养的养成具有基础性的重要作用。

数学语言培育的实践路径

小学阶段的数学学习对于培养学生的数学语言能力极为重要。在小学阶段，重视数学语言的教学和学生数学语言能力的培养，能有效提升学生的数学思维能力，使学生养成良好的学习习惯，有利于促进学生数学核心素养的养成。数学语言能力的培养是一个循序渐进的实践过程，有其内在的发展规律。在长期的教学实践过程中，山大附小始终把数学语言能力培养作为数学教学的一项重要内容，以生为本、勇于探索，逐渐形成了一套符合学生成长规律、覆盖中高低学段、行之有效的数学语言培养路径。

1. 低学段：重视课堂教学，夯实语言基础

小学一、二年级是学生接受数学语言训练的"播种期"。在低学段学生的数学语言培养中，通常会发现一些学生存在畏难情绪，有畏惧表达或表述不规范、不严谨、不够条理，缺乏逻辑等问题。我们在日常教学过程中，高度重视数学语言规范准确的表达，教育引导学生学会倾听、踊跃参与，在教师的示范引领和科学指引下，潜移默化地培养学生使用数学语言的兴趣，逐渐掌握低学段数学语言表达的基本要素和典型特点，夯实学生运用数学语言规范表达的根基。

2. 中学段：坚持以赛促学，掌握语言本领

小学三、四、五年级是数学语言能力培养的"成长期"。中学段的学生已基本掌握了一些数学语言的技巧和要领，能够较为清楚地进行表述，但是仍然存在表达不够准确、不够全面、不够简洁、不够规范等方面的问题。为此，我们坚持以问题为导向，以提升能力为准绳，在不同年级开展全员数学竞赛，形成了以"视算""编题""讲题"为典型内容的竞赛，通过全员参与、层层选拔、集中展示的方式，引领、带动全体中学段学生熟练掌握数学语言，如：在我校五年级讲题比赛中引导学生科学使用规范的数学语言，条理地分析数量关系，高效地解决问题，以此来提升学生的数学思维能力与数学语言组织能力。

3. 高学段：倡导学以致用，提升语言质效

小学六年级是数学语言能力培养的"抽穗期"。高学段学生已掌握了较为丰富的数学知识，数学语言能力已经有了一定的基础。同时，这一学段的学生对于现实世界中的各类数学问题有较强的好奇心。我们积极识变、主动应变，充分利用高学段学生好奇心强、求知欲浓的特点，以现实中的数学问题为内容开展"说题"活动，从现实生活或具体情境中抽象出数学问题，对现实问题进行数学化的表达，在思考分析的过程中准确找出与问题相关的信息条件，最终利用数学知识进行问题的解答与表述，从而提升学生的数学语言能力与数学思维能力。

六十载弦歌不辍、砥砺奋进，一甲子栉风沐雨、春华秋实。对学生数学语言能力的培育仅仅是山大附小 60 年育人华章中的一个小小片段。新的征程上，我们将薪火相传、继往开来，始终落实立德树人的根本任务，时刻牢记为党育人、为国育才的使命，继续弘扬"崇实、乐学、明理、思进"的校训，深化数学教育教学改革，增强学生数学核心素养，提升学生综合素质，为把他们培养成德智体美劳全面发展的时代英才做出新的更大的贡献。

核心素养视域下的班主任课程建设

刘　锐

作为教育战线的一名老兵，我参加工作至今已近 30 年，从走上讲台的第一天起就当班主任，一当就是 20 年。对我个人而言，我特别感谢这么多年的班主任工作经历，因为这 20 年是我由青涩到成熟、成长最快、收获最大的 20 年。因此，不管在什么场合，我都特别愿意和大家交流有关班主任工作的话题，分享班主任工作的点点滴滴。

我们常常开玩笑说：班主任是社会当中最小的主任，没任何级别。说得没错，班主任的确是最小的主任。可我们不能否认的是，班主任是最重要的主任，小到每一个学生个体的发展，大到民族的复兴，班主任在其间发挥着至关重要的作用。

班主任工作之于学生：从我们上岗的第一天起，班主任工作的重要性就成为学校各位领导、各种会议上常常强调的话题。我们从事的是基础教育工作，是为学生终生奠基的工程，小学阶段更是学生行为习惯养成、价值观形成的重要阶段。每天在校的时间内，学生接触最多的就是班主任，因此，对学生影响最大的也就是班主任。当老师久了，我们常常会发现，不同的班主任所带的班级会呈现出不一样的特点，班主任的作风和特点常常会在学生身上留下深刻的烙印。可以这么说，班主任的样子决定着班级孩子的样子，决定着孩子未来的样子。

班主任工作之于自身：在学校的各种工作中，班主任工作是最辛苦、最繁杂的工作，但不可否认的是，这个岗位也是最锻炼人的。班主任不仅承担着学科教学任务，还承担着班级管理任务，除了要上好课，还要组织学生完成好班级的常规工作、学校的特色活动，要处理生生之间以及家校之间的好多事情，正所谓"怎一个'杂'字了得"。但也正是这类"杂"事，给我们教师的成长提供了沃土。要完成好班主任工作，处理好各种繁杂事务，要求我们具备包括组织、管理、沟通等多种能力在内的综合素养。网上流传的段子，新时代班主任的标准：上得了课堂，跑得了操场；批得了作业，写得了文章；开得好班会，访得了家长；劝得了吵架，管得住上网；解得了忧伤，破得了迷惘；"Hold"住多动，控得住轻狂；忍得了奇葩，护得住低智商；查得了案件，打得过嚣张；镇得住泼皮，演得了三藏。虽说是调侃，但对班主任的能力要求可见一斑。这就是我们每天的工作，也正是在这繁杂的工作中，我们的能力得到全方位突飞猛进的提高。从我个人的经历来说，当班主任的工作经历是我人生的一笔宝贵财富。也正是 20 年的班主任工作经历，给我奠定了坚实的专业基础，让我成为一个多面手，使得我现在从事行政管理工作时更加得心应手、游刃有余。如果说一名教师的成长有什么捷径的话，这个捷径就是当班主任。班主任岗位就是教师成长的快车道，它会助力你快速成长为拥有无穷能量的成熟教师。

班主任工作之于学校：我们知道，学校工作最主要的是落实，班级是学校的基本组成单位，而班主任就是各项工作落实的主体。每个班主任都是学校的代言人，管理教育学生，进行家校沟通，可以说班主任工作的效果直接影响到学校的教育教学质量，影响到学校的声誉。一个学校的学生不一定认识校长，但没有学生不知道自己的班主任。我现在做行政工作，这样的体会尤为深刻。在值周的时候，有时发现问题，直接找学生处理，其效果远远不如找班主任处理，特别是一二年级的小朋友，他才不管你是校长还是主任，他只认自己的班主任。优秀的班主任培养优秀的学生，优秀的学生组成优秀的班级，多个优秀的班级成就优秀的学校。班主任工作对于学校工作的重要性不言而喻。

班主任工作之于国家：也许会有班主任老师质疑，我就是一名小小的班主任，谈我和国家的关系，是不是有些生拉硬拽、小题大做？党的二十大报告指出，教育、科技、人才是全面建设社会主义现代化国家的基础性、战略性支撑。我们要坚持教育优先发展、科技自立自强、人才引领驱动，加快建设教育强国、科技强国、人才强国，坚持为党育人、为国育才，全面提高人才自主培养质量，着力造就拔尖创新人才，聚天下英才而用之。教育是国之大计、党之大计，教育的重要作用得到前所未有的体现。国家发展靠人才，人才培养靠教师，而班主任在人才的培养中又发挥着至关重要的作用。怎么能说班主任和国家没关系呢？俗话说"站得高、看得远"，作为班主任，只有充分认识到自己工作的重要性，才会有更多的自信，长久的自信会成为持久的动力，让人在平凡的岗位上收获更多的职业幸福。

作为班主任，我们不仅需要脚踏实地、埋头干活，更需要抬头看天、仰望星空。

党的二十大为我们擘画了未来几年中国的发展蓝图，以中国式现代化推进中华民族伟大复兴，高质量发展是必然要求。实现教育的高质量发展要求教育过程中每一个环节、每一个人都要高质量发展。作为一名一线教育工作者，我们应该怎么做才能实现高质量发展呢？这是我们必然要思考的问题。就像我们要去一个目的地，首先要找对方向一样，要回答怎么做的问题，必须明确目标与方向。教育的根本目的就是育人，也就是"培养什么人、怎样培养人、为谁培养人"的问题。大家一定会回答：聚焦中国学生发展的核心素养，培养德智体美劳全面发展的社会主义建设者和接班人。的确，这就是我们的目标。进入教育高质量发展阶段，国家密集出台了一系列文件，涉及"双减"、课程方案、课标、思政建设等各个方面，这些文件就是引领教育发展的纲领性文件。在这些文件中，出现了一个高频词：核心素养。同时，教育界也有一种大家比较认可的说法，即我们的教育进入了素养时代。

核心素养的解读

我们的解读先从概念入手。什么是核心素养？学生发展核心素养，是学生在接受相应学段的教育过程中，逐步形成和提升的适应个人终生发展和社会发展需要的正确价值观、必备品格和关键能力。

1. 核心素养是教育原则

我们的教育就是要培育学生具有正确价值观、必备品格和关键能力。"正确价值观"和"必备品格"都属于"德"的范畴，"关键能力"就是"才"，看到这两个字，我们会想到一个词，就是"德才兼备"。提取关键词，加以概括，核心素养就是要培养学生德才兼备。明确这样的目标，我们就知道怎样做了吗？其实还是不知道的。这样的概念还是比较抽象的，到底怎样才能落实，作为一线教师，我们最需要具体的做法，也就是行动指南。怎样才能把抽象的概念转换为便于我们实施的行动指南呢？首先要找到抽象概念和我们现实生活的关联。学生在学校学习知识、培养能力、形成品格，是通过上课、班级生活等一系列活动完成的，我们可以把这些活动统称为做事，在做事的同时学习做人，所以我们就可以进行这样的转换：核心素养包含做事与做人，就是说我们在做事的过程中学习做人，做事解决的是能力的问题，做人解决的是品格的问题，即在成事中成人，在成人中成事。一位语文老师这样进行"跑"字的教学：汉字懂谦让，足字本来有长长的腿，但是和包字组成"跑"的时候，把自己的腿收回来，给旁边的包字让出地方。这就是核心素养下的学习：学会知识的同时还要培养品格，塑造价值观，就是我们所说的教育从根本上讲是立德树人。

2. 核心素养是基础素养

核心素养的概念中如果删掉"正确""必备""关键"这三个定语，就不能称其为核心素养。这说明：核心素养是最基础的素养。基础素养包括哪些呢？我们先来从教育的对象"人"来看：以美食为例，人看到美食产生想吃的欲望是感性，克制不吃是理性。我们要充分理解人的感性与理性。人小时候多感性，长大后理性更多一些。教育就是要培养理性，呵护感性，将这二者结合，要培养的就是核心素养。

中国学生发展核心素养体系总框架包括三个方面六大素养：文化基础（人文底蕴和科学精神）、自主发展（学会学习和健康生活）、社会参与（责任担当和实践创新）。

文化基础：重在强调能习得人文、科学各领域的知识和技能，掌握和运用人类优秀智慧成果，涵养内在精神，追求真善美的统一，发展成为有宽厚文化基础、有更高精神追求的人。文化基础就是要打好人文和科学文化的基础。

自主发展：重在强调能有效管理自己的学习和生活，认识和发现自我价值，发掘自身潜力，有效应对复杂多变的环境，成就出彩人生，发展成为有明确人生方向、有生活品质的人。

其中的重点是自我管理，这也是基础教育阶段重点应该做的。发展自我管理素养的四部曲：认识自我→悦纳自我→管控自我→成就自我。认识自我就是要了解自我；悦纳自我就是要接受自我；管控自我就是学会自我控制，包括控制行为、言语、情绪；成就自我就是要不断实现自我超越。

这里着重谈谈"自我超越"。自我超越包含"自我激励、自我反省、自我告诫"三部分，自我激励是最重要的一部分，它是自我不断成长的动力。怎样才能实现自我激励呢？自我激励首先要建立自信，相信自己能行，教师要帮助学生建立这样的自信，发现每个孩子身上的闪光点，赏识、认可、鼓励，用成长型思维看待孩子的发展，帮助孩子逐步树立自信。你可以不懂教育，但你必须学会赏识。

社会参与：重在强调能处理好自我与社会的关系，养成现代公民所必须遵守的道德准则和行为规范，增强社会责任感，培养创新精神，提高实践能力，促进个人价值实现，推动社会发展进步，成长为有理想信念、敢于担当的人。

这里的核心是社会责任感。社会责任感＝观念+行为。它的关键点是核心价值观的形成，核心价值观的形成要在更多的社会实践中完成，强化自我管理最好的办法就是参与到管理中来。所以，我们希望学生有班级责任感，就要让他参与到班级的活动和管理中来。

这一层面的解读带给我们一个启示：核心素养是我们要培养的基础素养。

归结到班主任工作给我们的启示就是，我们在教育学生的过程当中，让学生由"他律"慢慢发展为"自律"，随着学段的提升，慢慢提升自我管理能力，增强自主学习的能力，这是练内功。与此同时，通过班会、学校活动、集体活动等途径，以课程育人、活动育人，家校携手，引导学生形成正确的三观，以观念引导行为，这是树品格。归根到底，基础教育就是要培养学生基础的素养，让学生具有飞高行远的底蕴，也就是厚基础。

3. 核心素养是综合表现

核心素养是适应个人终生发展和社会发展需要的，也就是我们在终生发展过程中，在社会生活中面对问题、处理问题时所需要的综合素养。所以，核心素养是知识和能力以及情感、态度、价值观等的综合表现。其中包含了2011年版课标中的三维目标，但变化在于：它把三维目标融合在一起，强调的是综合表现。这一层面的解读同样也带给我们一个新的启示，核心素养的培养首先要有系统思维、整合思维，关注跨学科融合。

总结对核心素养的三重解读，我们可以提炼出三个关键词：教育原则、基础素养、综合表现。

核心素养回答了"培养什么人"的问题，是我们的目标。接下来我们就要思考"怎样培养人"的问题。"怎样培养人"是方法的问题，方法包含了方式和路径。我们的学校教育实现育人目标的路径就是课程，现在我们就能理解，国家为什么每一次教育改革都是通过课程改革来实施的，于是就有了一轮一轮的新课改。

核心素养的培养要通过课程来实现，这与班主任工作有什么联系呢？这就需要我们转换视角。对于很多班主任而言，把它仅仅当作一项"工作"来看待，在明确培养目标、充分理解班主任工作的育人属性之后，我们能不能拓展视域、转换视角，把它当成一门课程来建设呢？因为班主任课程建设有着极大的优势。

班主任课程建设的优势

2022 年 5 月，教育部颁布了 2022 年版课程方案和各学科课程标准，明确了义务教育阶段时代新人的具体要求是"有理想、有本领、有担当"。这三个方面的具体要求与核心素养有着一一对应的关系：有理想——自主发展；有本领——文化基础；有担当——社会参与。而这些所有的目标、要求都指向了"立德树人"，在课程的实施中，要落实立德树人的根本任务。我们应该明白，课程建设是这一轮新课改的重要抓手，也是我们教育创新的舞台。

进行课程建设，首先要树立正确的"课程观"。什么是课程，广义地讲，在学校里看到的、听到的、体验到的都是课程，包括内容、过程、师生、环境……我们常说：教育无小事，处处皆教育。站在"大课程观"的视角，我们也可以说：教育无小事，处处皆课程。在"大课程观"的视域下，怎样进行课程建设呢？ 2022 年版的课程方案提出了课程建设和实施的基本原则：

①坚持全面发展，育人为本——方向："五育"并举

②面向全体学生，因材施教——对象：全体学生

③聚焦核心素养，面向未来——目标：核心素养

④加强课程综合，注重关联——实施：联结综合

⑤变革育人方式，突出实践——方式：突出实践

特别关注后面两点，不难发现：联结生活的真实场景、强调综合、突出实践。对应班主任工作的内容，可以说班主任的岗位给我们提供了得天独厚的课程建设与实施的舞台。

1. 场域优势：综合性

一说起班主任工作，大家会不约而同地说：繁杂。但如果我们转换一个视角，站在积极心理学的角度，可以说"丰富"，因为班主任的工作涉及方方面面。班级管理是多种场域的融合，具有多样性与综合性。马克思说：人是一切社会关系的总和。社会属性是人的根本属性。学生的集体生活，不仅有课堂上的学科学习，还有师生、生生之间的人际交往，大家需要合作完成班级的管理与建设，还需要随时随地解决出现的各种问题，包括困难、矛盾。可以说班集体就是学生生活的一个小社会，它与我们生活的大社会具有同样的特点——综合性。再联系我们前面对核心素养的理解，即核心素养就是培养学生的综合素养，培养学生解决问题的综合能力，两者一关联就会发现，综合性不就是我们班主任先天具有的得天独厚的优势吗？

2. 育人方式的优势：实践性

多少年来，我们一直在探索育人方式的转变。其实，回顾自身的成长经历，我们深有体会，最好的成长就是那些亲身的经历。"纸上得来终觉

浅，绝知此事要躬行"，实践具有独特的育人功能，知行合一，学思结合，最好的学习方式就是"做中学""用中学""创中学"。而班级生活为学生提供了广阔的实践舞台。从三维目标到核心素养，新一轮课程改革变化的不仅仅是目标，更是育人方式。素养时代，育人的目标发生变化，用简单的话来说，就是培养学生从"会解题"变化为"会解决问题"，而解决问题的能力就要在处理问题的过程中提升，班级生活恰恰提供了这样的环境。

班主任课程建设的策略

班主任工作的特殊性，决定了这个岗位有着得天独厚的课程开发和实施的优越性。我们应当怎样发挥优势，做好课程设计和实施呢？

1. 树立课程意识，实现思维提升

思想决定行动，理念决定高度。站得高才能看得远。班主任课程建设最重要的是我们要有课程意识，可以说课程意识的有无直接决定了育人的效果。例如学校的值周工作，如果仅仅把它当作一项工作去完成，其实很简单，选出值周生，传达政教处的工作要求之后，学生就可以上岗了。至于值周学生的管理以及值周工作的效果，是政教处考核的范围，班主任不是必须要过问的。但是，如果我们站在"大课程观"的角度，就会发现这是一个多么宝贵的课程资源，值周工作的场域就是生活中一个真实的管理情境，在管理的实践中学会自我管控，学会与人相处，学会处理矛盾，学会自我反思。把这个资源当作一门课程去开发建设，核心素养的培养目标就会得到综合提升落实。跳出"事情"的层面，站在"课程"的维度，就像那只跳出井口的青蛙一样，同样都是值周，换个角度去看待，我们看到的是更加广阔的天空，我们收获的是截然不同的育人效果。树立课程意识的关键是要实现升维，也就是提升自己思维的维度。升维说起来容易做起来难，我们最需要的是行动指南，直接告诉我们怎么做。这里，我想告

诉老师们一个升维的途径：深入学习国家各级机关颁布的关于教育的文件，特别是习近平总书记关于教育的各类讲话。要学深悟透国家的这些方针、政策，因为这些都是国家关于教育发展的顶层设计，提高站位，工作中就能不断实现升维。

2. 精心设计实施，实现育人效果最大化

"凡事预则立，不预则废"，课程建设也一样，发现好的课程资源，只是第一步，只有精心设计，扎实落地，才能使好的课程资源充分发挥其作用，达到高质量的育人效果。一门课程的建设包含四个环节：目标确立—方案设计—过程管理—评价反思。

（1）关于目标确立，我们要注意的是：基于学情，基于核心素养。以我校研发的"口令课程"为例，这一课程的目标是：在学习生活的各个环节，通过自信熟练地进行口令诵读，逐步养成自我管理的良好行为习惯。口令课程是一年级班主任老师研发的，是帮助一年级的小朋友养成良好行为习惯的特色课程。

（2）关于方案设计，我们要注意的是：强调整体设计，整合思维。我们可以用"项目化学习"的理念，进行课程实施方案设计，这一点是基于课程资源所具有的特点进行的。以"博物馆研学课程"为例。"博物馆研学"就是一个项目活动，为完成此次研学，我们分设了方案设计组、活动组织组、导游讲解组、后勤保障组，大家分工合作，共同完成研学。对活动的全过程进行系统设计，把知识学习、能力培养、价值观塑造整合到项目学习中，可谓一举多得。

（3）关于过程管理，我们要注意的是：强调实践、自主体验与生生互动。核心素养的培养离不开学生的自主实践，"做中学"是最好的学习方式。人生没有白走的路，每一步都作数。"困难和错误"其实是最好的学习机会，自己的经历告诉我们，那些摔过的跤、受过的苦其实都是生命成长要做的功课，经由它们，我们才变成了更好的自己。所以，让学生去体验，教师只要当好氛围的营造者、活动的合作者、成果的欣赏者。

（4）关于评价反思，我们要注意的是：突出"表现性评价"，强调成长性思维。评价反思是课程建设中至关重要的一个环节，前面我们讲到的"成就自我"中就包括自我激励、自我反思、自我告诫。勤于反思是实现自我成长的一个重要因素，只有反思才能不断进步。因此，我们要用好"评价"这个工具，引导学生梳理、总结、反思。我们要始终不忘教育的初心是立德树人，用成长型思维对学生的表现进行正向评价，使学生不仅能收获知识、能力，更能收获自我激励的成长动力。

3. 系统规划实施，实现全过程育人

班主任工作内容丰富，涉及诸多方面，是真正具有"融合性"的课程资源库。如果我们对这些资源加以梳理，整合，进行系统化设计，就会形成一套完整的课程体系。

以我校的"明理课程"体系为例，进一步谈谈班主任课程体系建设。我校的课程建设和改革，是在实现中华民族伟大复兴中国梦的时代背景下，全面落实立德树人的根本任务，培养和践行社会主义核心价值观，在以"爱智"为核心的"明理教育"办学特色统领下进行的有益探索。可以说，我们在"明理课程"的建设过程中，对照核心素养的培养内容，对目标进行多维定位，特别是突出"必备品格和情感、态度、价值观"的目标确立。同时，在课程建设过程中打破学科边界，注重融合，注重联结生活场景。课程实施过程中，始终高度关注学生学习方式的转变，将课程内容的实施以活动的方式呈现，通过"项目+体验"的方式把学生带到课程设计的情境中去，以自主体验、合作、探究为主要的学习方式，进行"沉浸式"和"挑战式"的学习，使学生在"实践"中得到培养。

我们认为，理想的学校课程就像一座森林，它一定是一个可供师生自由呼吸的生态系统。它是多样的，它能为不同的个体提供多种选择、多种发展的可能；这个生态系统还是能够不断生长、自我完善的。"明理课程"体系就是这样一种自由共生的生态体系。它为学生找到了成长的通道，学生可以在全面发展的基础上协同发展，也可以在"特性"发展的基础上协同发展，进而过上一种完整而幸福的人生。

我校的"明理课程"之班主任系列，以"活动"为主体，把班主任工作内容进行系统梳理，按照"植根、启智、塑品、赋能"的板块进行归类划分，观照"核心素养"，在"明理"教育理念引领下规划实施。这样的系统构建，充分挖掘、优化、整合课程资源，精心设计实施流程，通过突出"体验式"实践、"成长性"评价，充分发挥课程的全过程育人功效，真正实现了课程的高质量建设。

如果把教室比作河道的话，课程则是水流，两者相得益彰时，才会有教育的精彩涌现。以立德树人为目标，坚守教育的初心，站在课程建设的视角看待班主任工作，对班主任工作内容进行系统设计，用我们的爱和智慧创造出无数的精彩。

班主任，的确是这个社会最小的主任。但当我们，一个小小的主任因为这个特殊的岗位，能够参与到一个孩子、一群孩子、一个又一个班级的孩子生命成长的过程中，那个小我就不再微小，我们平凡的人生也就会变得熠熠生辉。

当我们将自己所做的班主任工作与学校发展紧密联系起来，与学校心连心、同呼吸、共命运，与搭班的每一位科任教师良性沟通、协同发力、爱智共育；每一个年级组的教师各尽其责、各尽其能、各展所长；学校的每一位教师都能凝心聚力、汇集爱智，我们的学校发展定会蒸蒸日上、欣欣向荣。因为我们深知，教师的成长与学校的发展是一场双向奔赴的旅程。

致广大而尽精微，我们要坚守教育的初心，深刻领悟教师是一份平凡而又伟大的职业，为党育人、为国育才是教育人的使命，更是责任。让我们用自己的爱与智慧影响学生、引领学生、塑造学生，用我们自己的美好，成就学生的美好，铸就我们共同的大美中国。

淬炼教育智慧　塑造良好班风

于云涛

从踏入教育行业的第一天起，我就希望自己成为一名好教师，对得起"园丁"这一光荣称号。我认为，一名好教师既要有深入的思考，还要有耐心、热情和智慧。

教育是一门艺术，孩子就是我们的作品。对待不同年龄的孩子，教育的方式方法自然不同。我面对的是一群刚刚从幼儿园踏入小学校门的孩子，给予他们最大的成长空间、让他们茁壮成长，是我的首要责任。

这些孩子就像一群自由快乐的小鸟，叽叽喳喳、天真烂漫、活泼可爱。但同时，正因为是小鸟，他们未必有明确的方向、未必有正确的观念；他们有时难以处理好和同学之间的关系，有时只想玩耍不想学习……

对待这些孩子，我认为只做到多鼓励、多关怀，不训斥、不打击，这还远远不够，还要把自己的心态调整到和他们一样，用爱和温柔包裹他们，用明理和爱智教育他们。我渐渐发现，让他们从融入集体入手，让他们从珍视荣誉开始，共同营造欣欣向荣的班级风气，不失为一种可能、可信、可知、可达的选择。

班级风气虽是无形之物，但有迹可循。它不只是一种氛围，还是一种无形的力量，对孩子们的成长会产生重要影响。班级风气，当以正确的价值观为核心，以共同的荣辱观为基础，进而形成健康的行为方式和生活习惯，促进学生主动学习、积极进取。

树立正确的价值观

一年级的孩子就像一张白纸，他们会因老师的喜好而改变自己的喜好，因而，尽早让他们树立起正确的价值观，显得格外重要。

首先要让孩子们知道，学校是学习的地方，教室是上课的地方，学生就应该把学习放在很重要的位置。因此，我给孩子们讲匡衡凿壁偷光的故事，讲周恩来为中华之崛起而读书的故事。其次要让孩子们知道，我们都是中国人，我们的祖先从哪里来，我们的国家有多大，我们的历史有多悠久……就这样，在日常学习的方方面面，通过潜移默化的方式引导他们树立正确的价值观。

严格遵守纪律

我教给孩子们一个道理，很多时候，严格遵守纪律是成功和胜利的保障。我要求孩子们牢牢记住：上课要坐端正，回答问题要举手，上课不说闲话，楼道不拥挤奔跑……

对孩子们的常规培养也是循序渐进的。一般我会一周重点宣布一条纪律。因为一次定的规矩太多，孩子们记不住，就免不了要破坏，效果反而不好。一点一点发现问题，一点一点解决问题，会更加行之有效。

遵守纪律要表扬，违反纪律要批评。但我不会发现一次违反纪律的现象就马上批评，而是给予孩子们自主改正错误的时间和机会。有个别孩子自律性不强，屡屡犯错时，再采取奖惩并举的措施。

营造良好的学习氛围

学习氛围是班风中最重要的组成部分。我反对被动学习，倡导学生自觉学习、主动学习、有兴趣地学习、高效率学习、不局限于课本学习。

一天早晨，我刚进教室，就惊讶地发现已经有学生主动站在讲台上领读古诗了，来得早的同学都在大声跟读，值日生也在边打扫边诵读，声音洪亮有气势。一年级的小朋友，如此自觉，实在令人欣慰。于是，在上课之前，我特意表扬了一番，孩子们受到激励和鼓舞，精神劲儿十足。从此，每天早上都会从班里传来自发诵读的声音。

妥善处理人际关系

这里的人际关系既包括师生关系，也包括孩子们彼此之间的关系。

首先要解决的是师生关系。我首先保证自己能公平公正地对待每一个孩子，奖惩分明。其次，绝不做有违师德尊严的事情。再次，绝不将自己生活中的情绪带到学校、课堂。

孩子们的世界是单纯的，但难免也会掀起波澜。比如：这个年纪的孩子爱告状，也爱遗忘。当他们闹矛盾时，我需要做的就是耐心倾听，站在他们的角度解决问题。当我不偏不倚地把道理讲清楚后，他们也会像小大人一样点点头，互相道歉，然后手拉手出去玩。

充分发挥榜样的力量

榜样的力量是无穷的。我们班有位小马同学，品学兼优，事事为班级着想，考虑问题有时甚至比我还周全。他以一颗真诚的心，赢得了全班同学的认可。

有一天上课中，有同学喊道："老师，我同桌流鼻血了！"正当我找卫生纸的时候，小马同学已经一手拿着纸巾，一手领着流鼻血的孩子冲向卫生间去了。一时间孩子们的热情被点燃，"老师，我也要去帮忙，我也要去！"此后，再有"流鼻血事件"，我再也"插不上手"了。

对于班上每一位孩子身上细小的闪光点，我都会在班级公开场合给予肯定和鼓励。这样的肯定，往往能产生意想不到的效果。

　　班级风气，其实是一个班级共性的体现，而这种共性又是建立在所有孩子们丰富多彩的性格之上的。通过我和孩子们的努力，我们班形成了爱集体、爱老师、爱同学、爱学习的良好氛围。未来的路很长，我们还要相互陪伴，共同沐浴在阳光、幸福的班级氛围中。

教学有法

与青年教师话"教书育人"

张金花

学校的重要任务——培养学生成为具有好奇的、创造性的和不断探求精神的人。

——［苏］苏霍姆林斯基《育人三部曲》

"教书育人"是每一位教师的职责。教育工作者不仅要将这四个字铭记于心，更重要的是真正思考何为"教书育人"。这四字箴言的字面意思很简单，大致可以分为两部分——"教书"和"育人"，也可将其解读为教师的职责包括两部分：传授知识和塑造人格。塑造人格是一生的课题，对于教师而言，其"育人"职责究竟为何？

在我看来，"教书育人"一词是一种补充式关系的复合词，即"育人"是"教书"的结果。四字箴言对教师职责的解释是：教师应通过教书达到育人的目的。因此，教师的职责并不是既教书又育人，而是以聚焦育人的方式变革来促进教育高质量发展。"教书育人"是对教师职责的深刻启发和引导。

那么，如何理解"聚焦育人的方式变革来促进教育高质量发展"？对于这一问题，中外思想家已经有了许多真知灼见。我国唐代著名文学家、思想家韩愈曾在其《师说》一文中说："师者，所以传道受业解惑也。""传道"即传授儒家圣贤之道，"解惑"即解答学生疑惑，而对"受业"则相对有很多误解。人们将其理解为传授学业，即教授知识。然而"受业"之"业"远不止知识，更准确的理解是知识的运用，"业"在彼时包括儒家经典以及六艺等。因此，"受业"真正的内涵是教授技能或者教授知识的运用。法国启蒙思想家、教育家、哲学家卢梭也曾说过，"问题不在于教他各种学问，而在于培养他有爱好学问的兴趣"。与我们常说的"兴趣是最好的老师"不同，卢梭这里强调教师要培养学生对学问的兴趣。兴趣并非是与生俱来的，尽管孩子在成长过程中会随着与世界接触的增加而充满了各种好奇，但真正的兴趣是需要挖掘和培养的，而教师最重要的职责之一就是帮助学生发现并培养探究学问的兴趣。这些思想家的观点都是对"聚焦育人的方式变革来促进教育高质量发展"这一教师使命的积极探索。

作为教师应该如何完成"教书育人"或"聚焦育人的方式变革来促进教育高质量发展"的使命呢？作为一名数学教师，以下是我的经验。

以解决问题为导向

书本的教学不应该只是照本宣科。在对知识进行教学时，我们不能只聚焦于知识的传授，还要帮助学生对知识进行深入思考。在教学中我们可以适当引入知识和方法的对比。例如，对于问题 a 和 b，知识、方法 A 和 B 都可以解决，那么我们应该鼓励学生分别运用两种知识、方法 A 和 B 对两个问题 a 和 b 均做出解答。在此过程中我们还应启发学生去比较知识、方法 A 和 B 在解决同一问题上的不同与优劣，如：是否知识、方法 A 在解决 a 这一类问题上更快速直接。相比教师对知识、方法的单调言传，直接对比不仅能够帮助学生更好地理解知识点，还能够培养学生举一反三和优化解题的能力。知识、方法的学习都是服务于实际问题的解决，通往罗马的道路绝不止一条，现实中知识、方法之间往往没有对错，更重要的是不同的知识、方法是分优劣的。教师应该培养学生分析问题、解决问题的能力，即通过教学和引导让学生在解决问题时尽快做出最优选择，从而更好地解决问题。

鼓励学生的任何思考和探索

学生在学习过程中免不了会犯错，也难免会有各种"奇思异想"。我会珍视学生的每一个错误，因为没有任何一个错误是无辜的或无意义的。一定有什么事情触发了学生的"错误"，这些看似偏离教学主线行为的背后也许是孩子们对于眼下小到题目、甚至大到这个世界的不同理解。这些"问题"的出现，往往比传授知识本身更重要，因为孩子们的"错误"是最直接地可以帮助教师了解孩子世界的契机。不贬低孩子犯的错，鼓励孩子大胆解释"错误"，真诚地与孩子就"错误"进行探讨和思考，在帮助教师拉近与学生关系的同时，更好地站在孩子的角度思考问题，从而能够更好地进行有针对性的教学和辅导。与此类似，学生的"奇思异想"并不是对教师传授知识的不倾听或忤逆，恰恰可能是学生解决问题或试图将所学知识运用于问题解决时的积极探索与思考，而这就是最原始的对学问的兴趣以及做出的创新探索。教师应该珍视学生的每一个"奇思异想"并予以鼓励，科学地培养学生并让其保持对学问的兴趣，从而使得这些"奇思异想"成为创新的种子。

以上仅是我个人的一些思考，"教书育人"的路径远不止于此。然而在探索实践的道路上，教师应该把握好最初的方向，深刻体会"教书育人"的内涵。"变革育人的方式促进教育高质量发展"是我认为教师应该恪守的规训，"教书"不能脱离"育人"，而"育人"也不是盲目而为，明确教师在"育人"方面的细致职责可以帮助教师更有效地"教书"，从而更好地帮助孩子点亮人生。

让音乐助力学生成长

卫　利

我从事音乐教学和少先队的工作已有 32 年。音乐教学不仅仅是单纯地教学生唱歌跳舞，而是要挖掘学生的潜力，激发学生的兴趣。在一节节活泼生动的音乐课上，有很多引发我思考的瞬间和启迪学生的情节。

创设情境，激发学生的兴趣

在音乐教学时，教师要通过多种方式激发学生的音乐情感。首先，通过介绍大情境，使学生有表现欲，并且会表达独特的观点，甚至有创作的心愿。其次，音乐教材的每个单元都配有插图，图片形象生动，富有童趣，这些插图承载了深刻的思想。如：教学现代京剧《穷人的孩子早当家》这一课的时候，教师先要引导学生认真观察教材单元插图，然后提出有启发性的问题，让学生根据画面内容进行合理想象并加以表述。最后感受乐曲向我们传递的价值观：珍惜祖国为我们提供了安宁幸福的生活，做一个负责任、有担当的人。

观察图片，培养学生听音乐的能力

在教学歌曲《顽皮的杜鹃》时，教材插图是春风拂面、布谷鸟（杜鹃）穿柳树越湖面的情景，画面整体春意盎然。我首先引导学生聆听歌曲，感受春天是让人心情激荡、兴致勃发的季节，歌曲节奏一般是欢快的，接着提出问题：哪些音乐要素向我们传递了跃动的春天？我教学生了解歌曲的结构，边唱边拍出歌曲的节奏，同时培养他们良好的听辨能力。孩子们受到启发后，纷纷回答："有轻快的节奏，有起伏的旋律，还有布谷鸟（杜鹃）的欢叫声。"

游戏活动，调动学生的自主性

在教学活动中，学生应当是学习的主体，教师的作用在于组织、引导、点拨学生自己发现问题并解决问题，使他们始终处于一种积极探索知识的学习状态中。

如《彼得与狼》一课是一首篇幅较大的交响乐，如果处理不好，学生会失去聆听下去的兴趣。按先听赏的方法，仅音乐的听赏就需要半节课的时间。因此，我创新性地采用了另一种方法：即先让学生分角色进行情景剧编创，接着派代表上台表演并讲述故事。孩子们的表演独特，音乐常识和德育教育在潜移默化中习得。因此，在欣赏乐曲的活动中，只要给学生留出广阔的空间，让学生展开想象的翅膀，学生的创作欲望就能够被激发出来。

在教学中需要多变适宜的方法

1. 拓宽学生的思维

有些抽象的音乐欣赏课有难度，在一次纯音乐的欣赏中，我对学生们讲："音乐可以表现不同的形象与情感，请大家展开想象，认真聆听。"音乐响起，学生们都在聚精会神地听着，音乐结束，我让大家各抒己见，表达自己的感受。当一名学生说到"郁闷"时，我说："这首音乐气势恢宏，而'郁闷'一词是不是显得稍微有些低沉了呢？"这名学生回答："老师，当我爸爸误会我，我的心情压抑到要爆发的时刻，这首音乐能够代表我当时的心情。"我对这名学生的回答给予了肯定，他有自己独到的见解。我顺着他的回答教孩子们如何表达自己的诉求以及如何化解不良情绪。这节课，孩子们把我当成了知心姐姐。由此可见，我们不应该束缚孩子们的思想，不应把学生教育成千人一面。

2. 培养学生有主见

音乐编创课上，很多同学缺乏主见。针对这种情况，我给他们讲了《一只蜘蛛和三个人》的故事。学生们在听了这个寓言故事后，明白了这样一个道理：做事情应该有自己的主见。

3. 课堂导入求新多变

作为音乐教师，要在学生整体听赏音乐过程中起到引领和带动作用，因而设置课堂导入非常关键。比如：在学习云南民歌《猜调》这一课时，我采用了猜谜语的方式导入，激发了孩子们的兴趣，让学生深刻感受了民歌的魅力。

在音乐教学中，导入方式多种多样。诸如音乐形象故事导入、旋律接龙导入、乐句编创导入、即兴律动导入、听辨音高游戏竞赛导入等。在教学中可以运用教学工具，比如电子黑板、挂图、乐器等，努力为学生自主学习创设情境，让每一堂音乐课都能激发学生阳光向上、生气勃勃！

说到最后，在音乐教育教学战线上的这 32 年，我的感想与收获很多。我想用一句话表白我的心迹：我爱孩子们，爱我的音乐课堂，在未来的音乐教学生涯中，我将继续用我的真情谱写心灵的旋律，用双手为孩子们弹奏最美的乐章！

夯基拓思　爱智共育

岳　敏

2022 年版课标提出，数学课程要培养学生的核心素养，总目标主要包括以下三个方面：会用数学的眼光观察现实世界；会用数学的思维思考现实世界；会用数学的语言表达现实世界。新课标的实施，使数学的学习更加生动，能更好地促使学生全面发展。我想到陶行知先生的一句话："在劳力上劳心，是一切发明之母。事事在劳力上劳心，便可得事物之真理。"因此，我选择"用赤诚之心，补事前之牢"为本文主题，用四个字概括就是：牢、适、新、诚。

"四基"要牢

所谓"四基"，是指基础知识、基本技能、基本思想、基本活动经验。"四基"是培养学生的抽象思维、推理能力和实践能力的关键。打牢"四基"，要从日常的备课、上课和作业中着手。

1. 备课

备课的基本要求是备教材、备教法、备学生，明确教材的编写意图，并设计出适合本班学生的教学流程。

小学生已经有了一定的知识积累，在设计教法上要考虑到适合学生的实际水平，比如氛围沉闷的班级，就多找一些游戏来调节；课堂氛围过于活跃的班级，可以多设计一些常规训练。

多年以来，在教学中，我很注重记录教后记，因为教后记是自我检查、自我诊断的有效方式，能够及时分析成败的原因，改进教学策略。所以我们要尽量养成每日一记的好习惯，正所谓"今日记一事，明日悟一理，积久而成学"，从而不断提升自我。

2. 上课

除了备好课，教师在课堂上还应具备随机应变的能力。如果学生在课堂上对所学知识掌握得不扎实，教师可以放慢讲课速度。如在二年级乘法口诀授课结束时，我出了一道练习题，目的是活跃学习气氛，同时巩固新知。结果答案五花八门。于是我果断地把后面所有的练习舍掉，又重新对这道题进行了讲解，再次夯实基础。教学不应该是一个不变的程式，更不应该成为僵死的模式，要追求课堂教学的动态生成，从而不断提升自我。

所谓"授人以鱼，不如授人以渔"，在低学段的基础教学中，尽量合理地利用现代信息技术，设计生动的教学活动，帮助学生体验数学知识的形成过程。例如：在教学一年级"求两个数相差多少"这一内容时，不仅要教会学生大数减小数，更重要的是使学生明白其中的算理。我借助信息化技术，帮助学生直观理解，真正做到让学生在"知其然"的同时，也"知其所以然"。

3. 作业

在作业方面，我对自己有以下基本要求：①针对性强。在教一年级学生时，我发现有部分孩子的计算能力不过关，熟练程度和精准率都不是太好。所以第二个学期我增加了一些常规作业，一学期下来效果明显。同时还可以根据本节课的进度布置作业。②检查勤。布置的作业一定要批改，这样会避免学生将来在高学段出现偷逃作业的状况。③评价快。批完的作业要及时讲解，尤其当你面对低学段的学生时，他们的作业本容易弄丢，所以对作业问题要及时处理。

方法要适

低学段学生主要通过低幼化、生活化、激励化三种方法进行教学，目的就是培养学生的自主学习能力。

1. 低幼化教学

低学段学生的重心需要从"以玩耍为中心"向"以学习为中心"转移。他们的注意力不够持久，以具体、形象思维为主。六七岁的学生还明显带有幼儿的特点，但进入学校后，从形式上已经是"以学习为中心"了，可是真正做到这一点还需要一段时间。游戏、玩耍仍然是他们的主要精神食粮，所以我们不能一开始就对他们"上纲上线"，恨不得以三年级学生的标准来要求他们。这样做必定会适得其反，要慢下性子来，制订低的起点。除此之外，对低学段学生还需要有细致、具体的要求。

（1）注重学生的每一个小细节。上到学生如何认真听讲，如何回答问题，下到学生如何举手发言，一点一滴都不能放过。（2）由于低学段的学生注意力不够持久，所以我们面对他们时，要求要"细、严"。这样，他们才能从低学段起就养成良好的自主学习习惯。（3）面对六七岁的学生，教师在教学中示范更要及时、准确。比如 20 以内数的认识，15 根小棒如何摆放：教师在左边摆 10 根、右边摆 5 根。一开始作业本空几格，教师都要示范到。发现错误太多后，教师要及时纠正、示范，学生就不再容易出错了。总之，低学段的教学就要放"低"。

2. 生活化教学

数学家华罗庚先生说："宇宙之大，粒子之微，火箭之速，化工之巧，地球之变，生物之谜，日月之繁，无处不用数学。"生活化教学也是低学段教学必不可少的部分，把抽象的东西变成学生身边耳熟能详的故事、儿歌等。例如在乘法口诀的教学中，利用学生熟悉的神话故事《西游记》来教九九八十一、三七二十一，还有《凑十歌》、顺口溜等，让低学段学生把内容化难为易、化繁为简，从而提升学生学习数学的兴趣。

3. 激励化教学

在课堂上，教师对学生的评价及教育重在鼓励和尊重。尤其是当学生回答问题出错时，教师应该循循善诱，以亲切的语言或鼓励的笑容指出其不足，并给出改进的方法。夸奖还要落到实处，当一个学生回答问题答得不错时，教师竖起大拇指为其点赞……

思维要新

新就是创新，努力培养低学段学生的创新能力。

1. 引导探索学习、培养创新灵感

如何培养创新灵感：（1）让学生尝试探究新知；（2）让学生独立思考，促进思维发展；（3）让学生主动参与学习，探索问题。

对于低学段教师，利用学具来上课一直是个令人头疼的问题，用好了它是学具，用不好它就成了玩具。所以好多教师都选择避开学具。如果有利用学具的内容，要么就忽视了，要么就用教师的学具替代，学生亲自尝试、独立思考、主动参与，这几点自然就忽略了。那创新灵感从何而来？不要怕乱，一定要让学生亲自动手摆一摆、拼一拼、摸一摸，比如长方体、正方体、圆柱体中，你一直说长方体、正方体有 6 个面，具体有哪 6 个面？是不是应该亲自拿出教具数一数？学生主动参与尝试了，才能真正得出想要的结论。

2. 促进积极思维，提高创新欲望

我们一年级教师在设计活动及问题的深度和广度上，应该符合学生的最近发展区。比如在田老师的一节一年级公开课上，课题为"11 到 20 数的认识"，田老师设计了这样一个小环节：同学们，猜猜田老师家住在楼房的哪一层？学生的思路马上打开了，纷纷踊跃举手，都想猜一猜田老师家住在几层。田老师又引导他们猜的楼层高了或者低了，达到对数字认识

的再次巩固。这个环节，学生的积极性非常高，课堂氛围也特别活跃，达到了预期效果。但如果教师在课堂中设定难度过大的问题，学生想不到，答不出来，慢慢地就脱离了课堂的节奏。这样何来灵感，何来学习的欲望？

仁爱要诚

习近平总书记强调，课程教材要发挥培根铸魂、启智增慧的作用。教师除了要讲授知识，还需心怀赤诚仁爱，依此可以培养学生高尚的道德情操。

接下来，我来说说如何关爱学生，爱要遍及全体学生。

1. 理智关爱，提升学优生

教师不应该对学优生有溺爱行为，要预防让他们产生自满的情绪，要依据他们的实际情况，提出一些更高的要求。这样他们才会清晰地认识自己，体验超越自己的乐趣。

2. 普遍关爱，重视中等生

中等生往往因为各方面都表现平平，教师对他们的关注就会少一些。我们要在中等生中找出一些表现好的进行表扬，激发他们这个群体的积极性。

3. 真心关爱，扶持学困生

对学困生要有爱心、耐心、信心，彼此的情感才能交融，心灵才能相通，才能使学困生渐渐走出低谷。

总之，爱与严要辩证统一。爱不是放任，严不能伤害。对于学生，教师的严与爱都必须是公正公平的。作为一名一线教师，有效的家校沟通也是教学工作中必不可少的内容。当然，当学生出现问题时，我们不要以质问的口气去问家长，"你的孩子怎么回事儿？这也不会，你的孩子学什么了？你回去赶快抓一抓吧"。这些对于家长可能是一头雾水，怎么抓，如何抓，其实他们并不知道。我们班有这样一个孩子，基础不过关，在学笔算加减法时，有相当一部分不太会。于是，我就和家长及时沟通，要求孩子每天私信我做 5 道题。刚开始孩子做了，家长就发，但是我发现有时候 5 道题里面有 3 道都是错的，我就用红笔圈起来，发回去，叮嘱家长让孩子改了之后再发回来，长久下去家长也不好意思了，之后他就每天先自行检查，直到孩子写完、写标准了，才给我发过来。经过一个多月的练习，这个孩子的笔算能力有了明显的提高，于是我们又有了新的约定。有效的家校沟通能够促进孩子进步。

低学段学生正处于人生观与价值观逐渐形成的关键阶段，所以教师要在传授知识的同时要注重对学生进行品德教育，可以将数学与思政相结合进行授课，比如在二年级乘法口诀的讲授当中，我设计了这样一道题：一横行站 6 人，一共站 7 行，一个方队有几人？孩子们很快地说出了 6 乘 7 等于 42。我紧接着让孩子们观看了一下国庆大阅兵时，人民子弟兵一个个方队通过天安门时的那个震撼场面。让他们从小就感受到祖国的强大，立志长大后为祖国添砖加瓦。

一直以来，附小人就秉承着爱智教育的理念来培育孩子。今后，让我们一起大手牵小手，创造山大附小更加美好的未来。

触动灵魂之教育

贺雯玲

德国哲学家雅斯贝尔斯说：教育就是一棵树摇动另一棵树，一朵云推动另一朵云，一个灵魂唤醒另一个灵魂。若只是空洞地将知识灌注给学生，不如一次真正的唤醒。小学阶段正是学生思想启蒙的萌芽期，如何以教育促进学生的健康成长，下面我将浅谈自己的做法。

以互动促进进步

在设计课堂环节时，我尤为注重学生的主体地位和参与感，尝试利用不同的活动和游戏，使学生在轻松愉悦的氛围中学习和掌握知识。在一次教学活动中，我举办了一场"诗歌朗诵"比赛，学生能够在欣赏优美诗歌的同时，练习朗诵和表达能力。在活动开始前，我先介绍了本次比赛的规则和评分标准，然后学生自主选择自己喜欢的诗歌，在课堂上进行朗诵练习。孩子们积极参与，大声朗诵自己选择的诗歌，我在旁边进行指导，提供朗诵技巧和建议，并对他们的表现进行评价。

活动结束后，我鼓励孩子们进行互动交流，分享自己的朗诵心得。同时安排了一些小组讨论及其他互动环节，帮助孩子们通过听、说、读、写的方式来学习语文，增强他们的语文综合素养，让学生在轻松愉悦的氛围中学习和掌握知识。

以个性制订方案

每个学生的学习能力和学习兴趣都不尽相同，作为教师，我采用个性化的教学方式和差异化的辅导方式，针对学生的不同需求进行有针对性的帮助，并对他们的学习瓶颈进行专项辅导，为他们制订个性化的学习计划，帮助他们克服困难，取得更好的学习效果。

通过观察学生平时的课堂表现，我注意到一个孩子似乎对学习不太感兴趣。课后我主动与他沟通，发现他在某些知识点上存在理解方面的问题。为了帮助他解决这些问题，我设计了一些针对他的特殊练习，并邀请他到我的办公室，进行了一对一的辅导。在辅导过程中，我给他提供了一些实际的例子，帮助他更加容易地理解知识点，并结合一些游戏活动，让他在轻松愉悦的氛围中学习和掌握知识。同时，我鼓励他不要害羞，要积极参与互动，与我分享他的想法和疑虑。通过这样一对一的辅导，这名学生的学习兴趣和自信心得到了提升，他的成绩也有了明显的进步。

以规范协助管理

班级常规是学生行为习惯的养成基础，也是班级管理的基石。周一的班会上，我会向学生强调班级日常规则的重要性，并详细解释各项规定的目的和意义。在接下来的日常教学与管理中，我也对班级常规多次进行强调，并依据新发现的问题，适时提出新的要求，比如：每位同学每天下课时要自行整理桌面，保持个人卫生角干净整洁。

针对班规遵守情况，我设置了奖励制度，以激励学生遵守班级常规。对于每天遵守规定的学生，给予表扬和加分；而对于违反规定的学生，则给予相应的处罚。

在我的引导下，学生们逐渐形成了良好的行为习惯和自律意识，班级的秩序也得到了有效维护。在日常教学中，学生们能够自觉遵守班级规章制度，不随意打闹，不吵闹，课堂秩序井然有序，学习效果也得到了提升。通过这些班级常规的落实，学生们不仅提高了自我管理和自律能力，还进一步增强了集体意识和班级凝聚力。

经师易求，人师难得。如何以有效的教学方式触动学生的灵魂，更深层次地带动学生们热爱学习、投入学习，将是我一生研究的课题。

在挑战中前行　在磨砺中成长

邓　慧

"令公桃李满天下，何用堂前更种花。"2013 年，刚刚大学毕业的我，怀着对教师的艳羡与敬仰，参加了山大附小美术教师的招聘。虽然初出茅庐，但阳光与自信让我试讲成功，非常荣幸地成为山大附小的一名美术教师，圆了儿时当教师的梦想。每每想到这些，我的嘴角不禁悄悄上扬，幸福感与责任感油然而生。教师不仅仅是一份维持生计的工作，更是一种任重而道远的生命体验。我从以下四个方面分享一些经验。

备好课是上好课的重要前提

当我真正站上讲台开始给学生授课时，我才发现自己并没有太丰富的东西可讲。简单地带领学生欣赏课本图片，让学生看着我的范画临摹，这样的课堂既不生动，也缺乏趣味，学生们便开始做一些与课堂无关的事情。这时我不由得想起了上大学时教育学老师跟我们讲过的一句话："要给学生一杯水，你得先有一桶水。胸中有竹，方能画竹。"我也认识到，只有认真备好课，才能上好课，才能够更好地驾驭课堂；只有把课讲得妙趣横生，才能够充分调动学生学习的积极性。

传帮带是自我提升的重要途径

传帮带是一种最高效的培养新人的方法，能够引导新教师更快地走上工作岗位，更好地胜任本职工作，充分展现自身价值。张海青老师就是我的引路人，是我学习的好榜样。她平时注重自身各方面技能的提高，每天练习书法，不间断地创作素描、速写等写生作品。她有很强的事业心，拥有丰富的教学实践经验，能够有效地解决教学过程中出现的各种问题，充分发挥老教师的引领、示范作用，在各个方面对我进行帮助指导，促进我的专业提升。传帮带在我的教学成长过程中发挥着不可替代的作用。每当教学中遇到一些困惑及难题，我都愿意与张老师进行交流探讨，她总会出谋划策，给我提供了很多行之有效的建议和方法。

教研是教学活动的基石

教师的专业成长离不开实践反思、同伴互助和专业引领，而教研正是这三位一体的综合体现。同教研、共进步，通过不断的教研磨课，美术教学的课堂更高效、更多元、更新颖了。

一节课40分钟，说起来容易，做到位并不那么简单。我认为无规矩不成方圆，我们更应该重视常规课堂。常规课的教学做好了，更有利于公开课、同课异构等课型的开展。

同课异构让美术课堂教学异彩纷呈，它不同于传统的教学方式，更注重推陈出新。同一教学内容，大家共同研讨，多种思维集体碰撞，互相取长补短，有助于提高教学效果。结合各班学生的实际情况，大胆创新、大胆尝试不同的教学方法，巧妙设计教学环节，从而突破重难点。

公开课是常规课的升华，是自我能力的集中体现。充分做好公开课的准备，选题要新颖，教学设计要精心，突出重难点，教学中各类教具要准备充分。在展示中，要注重学生的作品评价，注重语言的连贯性，勇于尝试，敢于创新。

活动是教学进步的台阶

美育工作是山大附小校园文化建设中一道亮丽的风景线。书签制作作为我校的特色校本课程，体现了学科间的融合，更弘扬了中华美育精神，增添了校园文化氛围。楼道里一幅幅赏心悦目、栩栩如生的手工及绘画作品，凝聚着学生和老师的智慧与心血，展现了学生对生活的无比热爱和对艺术的无限追求。

鼓励学生积极参加绘画艺术活动，在山西省教育厅举办的"爱眼护眼"主题绘画活动、教育部举办的"点亮梦想——去太空开画展"绘画征集活动中，我校学生均取得了优异的成绩。我在辅导学生的过程中自己也成长了不少，不仅获得了省级、市级优秀指导教师荣誉，还多次被评为校优秀教师。每当此刻，我的心中就涌动着满满的成就感。

从教 10 年，从刚刚走上讲台时的手忙脚乱到现在的从容应对，我一步一个脚印前行着。感谢学校领导的栽培和老师们的帮助。我深知一名美术教师的责任不仅仅是教学生画画，更要提高学生的审美水平。一名美术教师不仅要一直保持对艺术的无尽热爱，更要一直保持对美术教育的满腔激情。路漫漫其修远兮，吾将上下而求索……

让数学课堂动起来

张晶玉

作为一名小学数学教师，如何让学生在小学数学课上"动"起来，是我一直在思考并努力去解决的问题之一。下面就如何激发学生的学习兴趣，提高小学数学教学质量浅谈一点我的见解。

兴趣是最好的老师，要想改善小学数学教学现状，教师一定要以培养学生的学习兴趣为抓手。数学作为一门应用性较强的学科，与生活密切相关。在小学数学课中创设情境，引导学生以饱满的热情学习数学知识，让学生在小学数学课上"动"起来，是我的首要目标。

导入教学"动情"

小学数学课前需要教师对教学内容进行构思，借助互联网技术查阅相关资料，学习其他数学教师的教学方法。除此之外，还要根据小学生的心理特点和知识水平，对教学内容进行优化。例如游戏导入法、故事情景法、谜语猜测法等，这都是我在课堂上常用的教学手段和方法。在这种教学模式下，教学内容得到明显优化，利用与学生日常生活经常接触的事物，激发他们学习的积极性，教师的教学负担也明显减轻，学生对教学内容的掌握也明显扎实。作为小学数学教师，在小学数学课堂教学前，一定要花费足够的时间在教材和对学情的研究上，将学生觉得枯燥和困难的教学内容进行优化，增强其趣味性，再借助各种外界手段、技术等实现教学内容的由繁到简、由难到易。

情境教学"动手"

意大利著名教育家蒙台梭利认为，儿童对活动的需要往往比对事物的需要更加强烈。小学生的年龄相对较小，对新鲜事物充满好奇，在学习过程中更倾向于注意没有接触过的东西。如果小学数学教师的教学内容枯燥、教学方法单一，课堂氛围不浓，学生的学习积极性自然就会减退，在数学课上也会有人昏昏欲睡。新颖的数学课堂教学模式较为重视开展教学活动，让学生在参与教学活动的过程中提升自己参与课堂的积极性。例如，在千克和克的学习认识中，我在完成相关教学工作后，让学生自带牛奶和盐等日常用品，亲自测量，在此过程中，学生亲身感知千克和克的概念，从而内化成认知。学生在课堂教学中的参与度大大提升，其学习热情也被一个小小的活动完全激发出来。

作为小学数学教师，在课堂教学中一定要善于发掘数学知识与生活的联系，结合生活对教学内容进行优化，开展能够激发学生学习兴趣的活动。与传统课堂教学模式不同，新型数学课堂的教学目标明确，与生活联系密切，对于培养学生综合应用数学知识的能力具有重要作用。值得注意的是，由于小学生的接受能力有限，在开展数学课堂教学活动的过程中，教师需要充分考虑学生的数学基础，要尽可能让学生动手，引导他们积极参与到数学课堂教学活动中来，不断提升他们的参与感。

合作教学"动脑"

人与人之间的交流也是一种学习方式。新课标强调了学生在课堂教学中的主体地位，重视学生与学生之间的合作探究学习。在进行课堂教学前，教师需要安排学生进行课前预习，开课后提出关于章节内容的问题，将学生分成多个小组进行讨论，教师从旁给予指导性建议，评估学生的预习效果。学生分组讨论的过程就是思考问题和解决问题的过程。在这个过程中，学生会了解到其他人对课程知识的独特认识，对于其完成自我认知、加深学习效果具有重要意义。

总之，小学数学课堂教学中存在学生学习积极性差、参与度低的问题，这是摆在我们面前不容忽视的问题。调动学生的学习积极性，让学生在数学课上"动"起来，能够提升教学效果，对学生升学后的数学学习也有促进作用。因此，作为小学数学教师，在课堂教学中一定要清楚教学内容，准确把握班级学生的实际情况，通过构思教学内容、优化教学手段等方法加强课堂教学与生活的联系，让学生积极参与到课堂学习中，并不断深化学生之间的合作学习，把合作学习应用到小学数学课堂教学中，真正让学生在小学数学课上"动"起来。

让课堂更高效

胡宏伟

高效课堂是每位一线教师的追求，也是我的目标。一年级的小朋友还没有养成良好的学习习惯，课堂上经常有走神、说话、做小动作等行为。为此，教师在教学过程中常常需要组织课堂，用语言去提醒学生跟上课堂节奏，教学因此暂停，学生的注意力和思维也随之被打断、转移，如此几次，一节课的教学目标完成情况就打了折扣，学习效果不尽如人意。

面对这样的问题该怎么办？学生方面客观存在的问题是什么？我的教学设计和课堂管理该如何实施？一系列的问题摆在了面前，一定要及时解决！

细细思量发现，低学段学生有效注意力时间短、个人自控力差，这是客观原因。而教师课堂教学设计枯燥、无趣，管理方法笨拙，效率低等问题也确实存在。

找到痛点，入手解决。向外不找客观理由，向内则在课堂设计和课堂管理方法上发力。

从课堂教学着手

管理课堂时间，把40分钟分成两段，前半段25分钟，教师示范、讲解、引领，学生探究、操作、思考；后半段15分钟，有针对性地进行课堂练习。这样的安排符合学生的生理和心理特点，动静结合不易疲劳。

教学方法上遵循低学段学生的注意力规律，采用直观教学，利用多媒体课件和实物，把抽象的数学模型还原，让孩子们看得见、摸得着，大大增强了数学课的可操作性与趣味性。

转变教育观念，紧跟教育大形势，发展学生的核心素养，把课堂还给学生。个人发言、相互质疑、操作实践、合作交流，将单一的听老师讲变成多渠道的学生学；同学见解、探究心得、教师示范、视频资料等都能成为很好的学习资源，课堂因此由薄变厚，更加丰富了。

向课堂管理发力

不吝赞美，多多鼓励，良好的师生关系和愉悦的课堂氛围会让学生喜欢上数学课。孩子们在教师不断的肯定和鼓励中会愈发自信，更加努力。教师的作用就是在课堂上不断捕捉每个孩子身上的闪光点，发现了就重点表扬；善于发现每个孩子的点滴进步，找到了就多加赞美。在老师激情澎湃的赞美声中，孩子的自尊心会得到极大的满足。美好而热烈的情感体验会让孩子更加热爱学习、热爱老师，一双双亮晶晶的眼睛注视着老师，积极的情感汇成一个强大的氛围场，让身在其中的每个人享受着每一分钟，师生关系更加融洽亲密。亲其师而信其道，学生的课堂注意力自然就转移到老师这里了。

鼓励和赞美之后，是更加理性的评价。"太好了！""你真棒！"等万金油似的评语已经远远满足不了课堂需求，学生从教师模糊、概括的评价中得不到清晰、具体的指导。

教师的评价要对学生的行为和思维起到引领和指导作用。师生围绕知识点展开问答，先判断正误，要具体说出学生的回答对在哪里，还要指出错在哪里，并对学生进行学法上的指导。针对学生行为习惯方面的表扬要具体指出好在哪里，这样做对我们的习惯养成有什么益处，重复这样的行为会让我们变成怎样优秀的人。这样量身定制的评价会让每个人得到具体切实的帮助，课堂成长由此开始了。

　　学生一旦有成长，教师要做出及时、可见的反馈，这样会增强、巩固学生的美好体验。我借鉴同行的做法，订制了图案有趣的印章，只要学生做得好（比如眼睛看老师、书写漂亮、坐姿端正、积极发言、认真听讲等行为），就在他们各自的盖章纸上印下一枚图章，以此来告诉学生——你做得特别好！一枚图章就是一个成长点，一枚枚图章就将学生的成长过程记录下来。孩子们看到自己的成长足迹非常开心，会投入更多的精力学习，图章数量随之增加。多次重复，正向循环，会让他们在不知不觉中养成好习惯，收获成长。一周后将盖章纸收回统计，图章数够 30 个的同学将会获得奖励，得到自己喜欢的一件小礼物，同时图章数清零，然后进行新的循环，实现闭环管理。

　　奖罚分明，确立边界，和学生共同制定课堂规则。学生出现违反课堂纪律的时候，我会根据犯错的程度（轻者会收到黄色警告锤，知错不改则会继续收到红色警告锤，直至名字被记录），只需要轻轻走过去放下红黄警告锤即可。学生得到警告锤后就会及时修正自己的行为，跟上课堂节奏，恢复课堂秩序。这样的方法既保护了学生的自尊心，教师也不会因为管学生而中断教学，一举两得！

　　经过这些实践，我发现我的学生很喜欢上数学课，课堂上学生认真看、用心听、独立思考、积极发言，课堂效率大大提高，学习效果也更好了！师生在美好的氛围中进行交流，课堂变成了滋养我们心灵的地方。

　　享受课堂，从建设高效课堂开始。

育人有爱

让评价散发爱智的光芒

郭伟华

评价是教学过程中不可缺少的环节。根据奥苏贝尔的动机理论，小学生的学习动机主要是外在动机，即学习的目的是赢得家长、教师的认可或表扬。所以，教师对学生的评价在学生的成长阶段起着至关重要的作用。

正面的评价包括表扬和奖励，可以激励孩子继续努力；负面的评价包括批评、惩戒，可以有效减少学生的不恰当行为。

爱智鼓励

爱的鼓励是学生成长的动力，不仅要有精神奖励，如口头表扬，还要有物质奖励，可视化的礼物能激发学生的学习兴趣。

1. 言语上的赞扬

二年级有个男孩课堂上举手很积极，但回答问题时语言组织能力稍微欠缺，有同学感到不耐烦，课堂就开始骚动起来，这时候我就说："学会倾听也是一种很好的学习方法。你们看，这名女生听得多认真啊！"等那个男孩回答完毕，我走到他的身边，拍拍他的肩膀，鼓励他说："你回答得很清楚，很棒，继续加油！"这个男孩在后期回答问题更积极、更自信了。孩子们也逐渐养成了倾听的好习惯。所以，具体、当众表扬，孩子们更容易学会效仿，也更容易促进他们良好学习习惯的养成。

2. 可视化的表扬

除了口头表扬，还有其他激励方式，如：奖励积分卡。1分、2分、5分不等。攒够20个积分，即可兑换奖品。奖品奖励给课堂纪律好、书写认真、积极思考、发言精彩的学生。当老师在全班同学面前郑重其事地把奖品发到这些孩子的手里，不仅激发了这些孩子学习的动力，也为其他孩子树立了榜样。

奖励和激励很重要，但公平、公正、合理的奖惩细则更加关键。奖惩细则首先就是明确加分和减分的具体规则，包括什么情况下加分和减分以及加减分值的设定。有了评价依据，奖励的形式可以根据学生的喜好多样化，以精神奖励为主，物质奖励为辅。如点歌、免抄写、电话表扬、调换座位、表扬信等等，这些都是孩子们很喜欢的。除了刮刮卡，还可以给学生们准备奖状，还有优惠券。我校近年来推出的免作业卡，不仅减轻了学生的课业负担，深受学生的喜爱，也积极响应国家的"双减"政策，有力地促进了教学的良性发展，让学生们能真正地沉浸在愉悦的学习氛围中。

爱智批评

当然，教育要赏罚分明，必要的批评甚至惩戒也是不可少的。但是，老师批评一个孩子的时候，怎样做才能让孩子接受批评不抵触呢？这就需要老师们的爱与智慧了。

上学期期末，因为做核酸，耽误了一节课正常的上课时间，导致学生的课堂学习单没有写完，我因此拖堂了。忽然听到有个男孩说脏话，我没有当面批评他，思考如何能够更好地教育他。我打算先问清楚具体原因，让孩子知晓错误，然后给予他引导和帮助。这个孩子成绩中等，平时乖巧，日常的小情绪不容易被捕捉到，我想趁着这个机会表达一下我对他的关心。于是在隔了一节课后，我把他叫到了一个安静的地方，男孩有点不知所措。我说："你在老师心目中一直是个好孩子。但是忽然听到你说脏话，老师很伤心。"我询问了他说脏话的原因，他说："对不起，老师，我是着急想上厕所！"听到这里，我对他说："很抱歉，老师拖堂不妥，以后会注意时间。老师看到你已经意识到错误了，不过你的表达方式不太好。下次试着用礼貌的方式直接跟老师说清楚。以后，还是要认真学习。如果需要帮助，随时来找我。"话音刚落，孩子的眼里都是泪，可能是释怀、后悔，抑或是感受到了爱。下午他在我桌上放了张纸条，上面写着："谢谢老师，我会努力的。"接下来的几天，我看到他的状态很好，听课更加认真了，举手也比以前积极了。

每当我生气的时候，我就告诫自己不要发脾气，要"智取"！我们批评孩子的时候，可以先借鉴《正面管教》中"积极的暂停"策略，冷静降温；不当众批评学生，应悄悄地进行，维护学生的自尊，这样学生更容易接受；批评教育时，态度要友爱和善。批评完不是教育的结束，应持续关注孩子的发展。

和学生沟通时，还可以尝试说俏皮话。例如，班上有个孩子上课老喜欢跪在凳子上。如果一上来就直接批评："你跪在凳子上像什么样子，整天吊儿郎当，说你几遍都不听！"这样子说，他可能会把腿放下来，但是效果也不是很好，孩子也许就会对老师有抵触情绪了，课也许就不好好听了。这个时候可以幽默一点，比如这样说："这位同学是不是想当宇航员呀？想去太空吗？有梦想挺好，那也得脚踏实地呀。"他就意识到问题了，下次再忘了，可以敲桌子提醒一下，他慢慢就记住了。教师以幽默的方式说出一句俏皮话，问题往往也能迎刃而解。

此外，我们还可以变干扰为积极的学习经验。课堂上，一个孩子向窗外看，其他同学盯着他看，干扰到正常的上课秩序了。遇到这种情况怎么办？如有可能，教师要尝试从干扰中找出值得学习的地方。比如学了现在进行时我们可以问：Who is looking out of the window？（谁在向窗外看？）学了情态动词，我们可以问：What should we do in class？（课堂上应该怎么做？）我们也可以根据当时的课堂内容，用这个孩子的名字举例子，以此来提醒他，同时也将同学们的注意力拉回课堂。

爱智评价，让我们严慈相济、宽严有度。爱在该爱时，严在当严处。爱无常法、智无定规。爱智的教育是一门学问，是一场修行，是教师一生的追寻与探索。

如何激发学习兴趣

李宏梅

每个人心中都有一颗梦想的种子，我的这颗种子在上小学时就已深深地埋在了心底，那就是长大以后当一名光荣的人民教师。转眼间，我已在教师这个岗位上工作了 20 多年，且自始至终热爱着这份职业。

自踏入教育这个行业以来，我深感责任重大，始终以勤勤恳恳、兢兢业业的态度来对待本职工作，"做一名好教师"是我一生所追求的目标。多年来，我时时以"爱心、耐心、细心"要求自己，让孩子们在一种"宽松、探索、竞争"的氛围中茁壮成长。

作为一名低学段的语文教师，我一直在想，应该给孩子们一个怎样的语文课堂，才能助力他们越走越远。

多种形式激发学习兴趣

"兴趣是最好的老师"，对于低学段的孩子来说这一点尤为重要，这个学段的孩子活泼好动，自控能力比较弱，注意力难以持久，想要让他们在课堂上集中注意力，每一堂课都要通过多种他们感兴趣的教学形式来辅助教学。

上课时先用引人入胜的导入来激发孩子们的兴趣，可以选择儿歌、谜语以及色彩丰富的图片，例如：教学《彩虹》时，我采用谜语"天边架起一座桥，五颜六色真奇妙，雨后才会跑出来"来导入；教学《四个太阳》时，我通过歌曲《种太阳》来导入；教学《秋天》这一课时，我选择色彩鲜艳的有关秋天的图片来导入。这些导入方式孩子们很感兴趣，一下子就吸引了他们的注意力，孩子们整堂课都能保持一种良好的精神状态。

低学段的孩子自控力较弱，经常一堂课上到一半的时候，部分孩子就坐不住了。这时，我索性给孩子们提供一个可以畅所欲言的机会，让他们围绕授课内容谈谈自己的理解和感受。时刻调动孩子们学习的积极性，从而激发他们学习语文的兴趣。

低学段的孩子有着强烈的表演欲，请学生扮演文本中的角色，不仅能激发他们的兴趣，还能帮助他们灵活运用所学语言文字，巩固课文内容，加深对文章的理解。例如：在教学口语交际《打电话》时，我通过创设情境与情景再现的方法，让孩子们参与情景剧的表演，先让孩子们小组练习，再让他们登台表演，表演时让其他小朋友当"小评委"，说说表演的孩子对打电话的要求和步骤都落实了没有，这样就给予每个孩子充分表达的机会，将课堂还给学生。孩子们在练习中互相学习，取长补短，共同提高，注意力自然而然也就回来了。

我们还可以根据所讲内容，在课堂上播放一些和课文内容有关的视频来集中学生注意力，例如：在教学《端午粽》时，我选择播放有关端午节由来的故事视频，孩子们不仅看得兴致盎然，而且获取了丰富的背景知识。在课堂上补充新鲜丰富的教学内容，可以有效吸引学生的注意力，一节课40分钟他们不仅坚持了下来，而且教学效果也非常好。

以"爱"激发学习兴趣

只有爱孩子的人，才能教育好孩子。师爱比渊博的知识更重要。师爱对孩子的成长和进步有很大的推动作用。低学段的学生天真可爱，他们渴望得到老师的赏识和鼓励，我们要使学生带着积极主动的学习态度和轻松愉悦的心情去学习，这样才能达到良好的教学效果。

作为教师，我们要结合学生的年龄特点，结合学生的表现加以引导，让他们对自己充满信心，这样他们就会更努力地投入学习中。虽然有的孩子做不到位，但我们要有一双慧眼，善于发现学生的点滴进步。越是学困生越需要我们给予更多的关爱和鼓励，我们简单的一句鼓励，就可能让孩子有很大的转变。

班里有一个孩子上课坐不住，下课也不会和同学正常交往，每天都有好多孩子来告他的状。面对这样的孩子，我先和家长进行了沟通，了解了孩子的基本情况，我在课后给予他更多的关注，把他当成自己的孩子，决心用爱来感化他。一旦发现他有进步的地方，我马上在全班同学面前表扬。慢慢地，孩子喜欢上了我这个老师，见面主动问好，脸上洋溢着快乐的微笑。看到孩子的巨大变化，我感到无比欣慰。

教育是爱的传递。作为教师，需要付出爱心，用心对待每一个孩子，蹲下身子倾听他们的心声，用温柔的话语和他们沟通，让他们感受到来自老师的关爱，他们就会带给我们更多的惊喜与感动。只要我们用心去爱、去教育每一个孩子，相信孩子们一定会越来越好。

用孩子的思维方式来教育孩子

吉旭亮

2022年9月，我有幸加入山大附小这个大家庭，满怀憧憬与期待开启了我在山大附小的从教生涯。虽说自己从事体育教育也有几年了，但这是我第一次面对一年级的小朋友，面对这些可爱又调皮的娃娃们，我竟有些力不从心，也经常会被这些鲜活的淘气鬼气到手足无措，种种的挫败感、失落感直涌心头。一次次被这些小孩子给"击败"，我尝试使用"武力"——喊，可就是喊破嗓子也收效甚微。我不由得暗暗发誓，一定要"战胜"他们，化被动为主动。但"战胜"他们也不是一件容易的事情。知己知彼，方能百战不殆，要想"战胜"他们，用一般常见的办法肯定是不行的，我得先了解他们，走进他们的内心世界，根据他们的思维方式来制定"战略战术"。

我根据所学专业知识，更加关注儿童的身心发展规律，并结合自己平时的观察与思考，总结出一年级学生的心理特点：

一、新鲜感强。孩子们面对新形式的体育课堂，他们的眼睛里充满了好奇，再加上之前疫情的原因，导致孩子们幼儿园期间也没有参与过几堂室外体育活动。所以，孩子们在体育课上多表现得兴奋、活跃与自由，但同时也缺乏规则意识、缺少纪律性。

二、专注力弱。表现为注意力不集中，容易被外部事物所吸引，注意力范围窄。记得有一次体育课上，我正在组织学生们练习集合与解散。突然，头顶有几架飞机经过，队伍中有一名学生马上喊了一句："看！飞机！"此时，所有的孩子都齐刷刷地抬起了他们的小脑袋，"老师，飞机为什么飞那么低？""老师，飞机后面为什么拉那么长白白的线？""老师，这是战斗机吗？"

三、处于心理断乳期。上小学后部分孩子还离不开妈妈，这就是心理还没有断乳的表现。印象最深的是一个可爱的小女孩，上课时经常独自哭泣，偶尔在楼道里也能见到她一个人哽咽的身影。当问到她怎么了，她会委屈巴巴地跟你说："我想妈妈了……"不过这种情况在第二学期就很少见到了。

四、明显的向师性。一、二年级的学生具有明显的向师性。耳边经常会听到"老师说……""老师要求……"我也会经常被一群小朋友团团围住，无奈只能当个"树人"；还会听到他们悄悄跟你说："老师，什么时候有你的课？""老师，跟我回我家吧？"听到这些话真让人觉得欣慰。

五、集体意识模糊。一年级学生心理活动的随意性和目的性虽然有所发展，但仍以随意性为主。在组织学生站队或者其他集体活动时，我发现他们的集体意识比较模糊，还不能意识到集体与个体的关系，没有集体荣誉感。

经过一个多学期的教学，我逐渐摸清了孩子们的心理特点，思考琢磨出了几条管理学生的好办法：

一、要多给孩子一些耐心，及时表扬，多多鼓励孩子。面对一年级学生，倘若我一味地提要求，要求学生按照这样或那样的标准去执行，常常会起到事倍功半的效果。一方面，孩子们的理解能力有限，需要我们用他们所能理解的语言讲给他们听；另一方面，孩子们的执行能力较差，更需要老师耐心引导。此时，班杜拉的观察学习理论就能很好地解决这一问题。小学阶段的学生是十分希望得到老师表扬的，通过表扬，队伍中遵守纪律的或者做得好的孩子，会为上课走神或者扰乱课堂行为的学生做出榜样，这是一个屡试不爽且行之有效的方法。一年级的学生正是建立自信心和培养毅力的时候，所以当学生们表现出落后、缓慢、拖拉时，我们要有足够的耐心鼓励他们，而不是一味地催促与呵斥，孩子们感受到老师的爱，一定能做得更好。

二、注意引导方式，立下规矩。一年级的学生对周围世界还不甚了解，对任何事物都有着强烈的好奇心，认知水平还处在启蒙阶段，规则意识还很模糊。所以我们要根据儿童的心理特点和认知发展规律来引导学生。通过一些具体的、形象化的方式让学生学会遵守规则。还要在平时的上课过程中注意渗透规则意识，从点滴入手。规矩的形成、习惯的养成都不是一蹴而就的。

三、承认学生是发展中的人。学生的身心是不断发展的，并且有着巨大的发展潜力。这就要求教师要以发展的眼光来看待学生，因势利导教育学生。同时教育创造着最近发展区，苏联心理学家维果茨基认为，"教学不应该指望儿童的昨天，而应当指望于他的明天"。教师的教育要适当走在学生发展的前面，根据儿童的最近发展区提出更高的要求，让孩子们朝着一个个更高的小目标努力，这样的目标不是遥不可及的，而是通过努力能够得着的。孩子们也十分乐意接受这样的挑战。

以上就是我入职山大附小一个半学期以来的思考。我将其运用到实践中，课堂纪律确实得到了明显的改善，教学效果也有了明显的进步。在教育孩子的同时，我也在不断进步。在以后的教学工作中，我将继续保持乐教勤业、积极反思的习惯，以教人者教己。

以熹微灯火，点燃璀璨星河

郝旭媛

热爱是管理的钥匙

苏联教育家苏霍姆林斯基说过："一个好教师意味着什么？首先意味着他是个热爱孩子的人，感到跟孩子交往是一种乐趣，相信每个孩子都能成为一个好人，善于跟他们交朋友，关心孩子的快乐和悲伤，了解孩子的心灵，时刻都不忘自己也曾是个孩子。"我时常问自己，如果我是学生，我会喜欢什么样的课堂？我发现我也喜欢轻松欢快的课堂。兴趣是最好的老师。课堂上，作为老师，我努力让孩子们爱上语文；下课后，作为排忧解难的知心姐姐，我主动走近孩子，走进他们的内心世界。

每天一下课，孩子们都喜欢围着我，聊一些他们的新鲜事。但我发现有一个孩子总是远远地看着，从他的眼神里，我能看出他也很想参与进来，然而刚鼓起勇气却又放弃了。于是我主动把他拉过来，请他分享一些有趣的事情。这时，他不好意思地看着我，害羞地笑着……为了拉近师生之间的距离，在接下来的时间里，我让这个孩子收发作业、做我的小助手、上台领读……慢慢地，我发现他的小手举得越来越高，声音也越来越洪亮……他说要好好学习，听郝老师的话，因为老师喜欢他。听到越来越多的家长跟我反馈，孩子特别喜欢语文课，一回家就着急地分享语文课的内容。自然而然，我就收获了坚实的"群众基础"，也为日后的班级管理打下基础。这也使我更加确信，亲其师才能信其道。

赞美是信任和期待

清初思想家、教育家颜元说过："数子十过，不如奖子一长。"班上有这样一个孩子，每日的晨读、午读时间，他总是捣乱，说话的声音比同学们朗读的声音还要高出好几个分贝。为了更好地管理班级，我决定让他充分发挥独有的高音优势，推选他上台领读。站在讲台上的他，不再继续捣乱了，一心一意地领着同学诵读。课后我拉着他，真诚地对他说："你背诗的样子实在是太帅了，没想到你的声音这么好听！老师喜欢这样的你。下午的午读还可以这么棒吗？"孩子听到我的赞美，既惊讶又很开心，忍俊不禁的样子至今还定格在我的脑海中。自此以后，在琅琅的读书声中，我总能听到他格外洪亮的声音，班级里其他孩子在他的带领下也都一起大声诵读。

温柔坚定，知足上进

"幼儿对世界的认识始于母亲对他的微笑，悄声唱的摇篮曲，和善的眼睛和温情的搂抱。如若世界总是以母亲那种温柔的目光照射儿童的心灵，如若儿童在自己的生活道路上所遇到的一切人都像慈母那样善良温和，那么世界上的痛苦、犯罪和悲剧就会一扫而光。"我很喜欢苏联教育家苏霍姆林斯基的这段文字。在陪伴学生成长的过程中，老师要对学生温柔，但这种温柔不是松懈、放任，而是要笃定态度、建立规则。给予孩子们温柔而坚定的爱，让孩子们在充满爱和安全感的环境里学习成长，把温柔和坚定联系起来，实现并存。老师要时刻拉好手中的风筝线，这样才能让孩子们"飞得更高，飞得更远"。

"知足且上进，温柔而坚定"是我很喜欢的一句话，也是对自己的一个期许，我始终相信：真正强大的沟通，应该是温柔而坚定的。

双向奔赴，爱有回声

老师和学生，向来不是单项的选择。在做班主任的这 6 年里，我陪着孩子们长大，目送他们离开，飞向更高、更远的天空。我越来越觉得，于千万人中，彼此成为师生是一种很难得的缘分。五年级有一篇作文题目是"'漫画'老师"，有孩子这样写："郗老师是我们的郗妈妈，她负责任，有独特的教学方式，我永远都不会忘记这位说话充满趣味、温柔美丽的好老师。""这就是我的郗老师，是一位尽职尽责、循循善诱、幽默的老师……"在看孩子们的习作时我多次感动到落泪，原来很多不经意间的一个微笑和鼓励，对孩子来说就是莫大的支持。教育真的是一场师生间的双向奔赴，是老师、学生和家长的同频共振。珍惜与孩子们相伴的时光，恰如其分地去关爱每一个孩子。

愿我以熹微灯火，照亮学生心房，点燃璀璨星河。

树德有道

校训新解读

陈　瑶

从教28年的我，从前辈教师身上学到很多。思来我最受益的、也是最渴望青年教师传承的就是：首先，要踏踏实实做一名实干型教师；其次，要想有所成绩、有所建树，就得爱岗敬业，做一名事业型教师；再次，与青年教师分享实例，使其成长为一名智慧型教师；最后，要规划好自己的教育人生，做一名上进型教师。以上理念和山大附小的校训一致，因此本文我将从教师的角度重新解读校训。

崇实——做实干型教师

我一直庆幸28年前我选择了山大附小，最大的收获就是认识了一群可爱、可敬的同行者。还记得刚报到的我们就赶上了山大附小的第一次搬迁，我和老师们推着平车，从旧校址一车一车把桌椅、书籍、库房里的东西搬到新校址。开学前我们平整操场、铺砖、打扫教室……看着山大附小在我们的努力中逐渐显现出漂亮的模样，我们心里那个美呀！也许付出越多越有归属感，从刚开始进入山大附小起，一直到现在我都认为我是山大附小的，私心里讲山大附小也是我的。

十几年后山大附小再次搬迁，迁出山西大学，来到了现在的校址。随着搬迁、扩校，我们的学校越来越大，在学校领导的引领和我们全体教师的共同努力下，山大附小蒸蒸日上，越办越好，成为名副其实的三晋名校。28 年的岁月间，她一直是我的骄傲，作为一名山大附小的教师，似乎腰板都可以挺得更直一些。我想告诉青年教师：请坚定你的选择，山大附小值得你去爱、去信赖！

我一直庆幸自己选择了教师这个行业。30 年前，我报考师范学校仅仅是因为上师范可以免学费。真正站上讲台了，我发现教师这个职业真的很不错。台下的孩子们睁着一双双渴求知识的眼睛，他们会崇拜地看着你，听你的话，纯纯地爱着你，而你呢，也会慢慢地爱上这些孩子。你的内心会渐渐丰盈起来，慢慢地你会发现，你拥有了教育的灵感、教育的诗意、教育的智慧、教育的力量。所以我想说：请坚定你的选择，教育值得你付出。

我享受着在山大附小的每一天。我们实实在在地备课、讲课、评课；实实在在地组织活动，丰富学生的课余生活；实实在在地组织老师搞教研；就连开会也是实实在在的，一个学期全校的教师大会，我们只用一只手的指头就可以数得过来。我们在校领导的引领下，做着实实在在的教育，这就是山大附小的特色。

乐教——做事业型教师

目前的教师做教育大致有三种状态：

第一种状态，把教育的事当作学校的事来做。这种状态下的教师将学校布置的工作视为包袱，总想着早点卸了这包袱才好、才自在。

第二种状态，把学校的事当作自家的事来做。他们对于学校布置的各项工作，或许有牢骚，但最终都会认认真真地去做，尽可能地去做。

第三种状态，把自己的事当作教育的事来做。他们明确地把自己的人生价值锁定在教育上，在他们身上，有一种教育的主动性和创造性，他们不满足于现状，努力探求着教育的有效之路、高效之路。

一个人的态度决定了他的高度。不知道从前的你有没有想过，自己是哪一类教师，将要朝着哪一个方向前进。我只是希望，当你看到这里，能回过头来思考一下自己的教育人生，再规划一下自己的教育人生。如果你愿意奋斗，愿意做第三类教师，那么请你积极地做教育。人民教师无上光荣，每个教师都要珍惜这份光荣，爱惜这份职业，这样才能对得起自己的学生，对得起自己的岁月。

明理——做智慧型教师

由于职业的特殊性，可以说教师是上至国家民族，下到每家每户，甚至是每一个人都要与之产生联系的职业。那么，让我们一起来看看我们身兼几职？我们是教师也是教练，我们是保姆也是警察，我们是演员也是导演，我们是法官也是律师……作为教师，我们身兼数职，无疑这个特殊的职业，需要我们用智慧来管理学生，做一名智慧型教师。

关键词一：爱

教育的最大技巧就是爱学生，相信每一位教师都对这一点有所感、有所悟。我们要用多种方式来表达爱，呵护孩子们的心灵，用欣赏的眼光去看孩子们，蹲下身子倾听孩子们的心声，尊重孩子们个性化的表达。只要孩子们感受到我们的爱，那么他们的心就会慢慢向我们靠拢，我们就会收获更多的善意和尊重。

关键词二：身体力行

教师是学生心中的榜样，教师的一举一动、一言一行都会对孩子们起到潜移默化的影响。苦口婆心地说教不如身体力行。比如：你想让孩子们有整齐的队列，那么最好的方法是你笔直地站在队伍前面。再如：你想让孩子们认真完成作业，规范书写，那你就要练好板书，一笔一划在黑板上写下你的示范性字体。当学生看到他们的老师不但严格要求他们，而且也严格要求自己时，他们就会在心中对你产生认同、敬佩，这样，你的话慢慢就会起作用，你的形象在孩子们心中会愈发高大。

关键词三：平等

在教育中，我们常常会俯视孩子，把自己塑造成管理者。当我们用这样的身份教育孩子时，我相信还未开口，学生已感到厌烦。

和 197 班的孩子们初见面时，我感到了明显的敌意。教室里乱成一团，并不因我这个老师进入而有太多改变。我知道，他们是在用行动抗拒我的加入。在他们看来，只要是想管束他们的老师都不是好老师。理智告诉我：不能发火，一发火我就输了。我耐心地在他们中间走动，仿佛要听听他们在说些什么，渐渐地他们似乎不好意思了，说话声小了，一个个望向我，想知道我这个新老师要如何惩罚不听话的他们。这时，我站在教室中间的过道上，开始了我们之间第一次平等的对话……接下来的日子里，我们一起商定班规，一起讨论班队会活动方案，这样的平等交流让全班聚力，向着优秀集体迈进。

关键词四：示弱

带班的过程并不是一帆风顺的。开学第三天，我就收到了来自一个尖子生的挑衅。正在讲课的我发现他扭头和同桌说话，为了及时制止他不听课的行为，我先提出一个问题请他回答，他站起来理直气壮地说："老师，请问你刚刚的问题是什么？"我回复他："你没听课才会不知道我的问题。"

他直视我说："难道作为老师你不应该回答学生不懂的问题？"

下课后我把他带回办公室准备好好跟他"谈谈"，可是看着我身边如同刺猬一样浑身带刺的孩子，我突然意识到和他硬碰硬解决不了问题。于是，我让自己冷静了一小会儿，开始了我们之间一次有效的谈话。我和他讲我遇到的难题，需要做的事情，并真切地向他表达了"老师需要你的帮助"。慢慢地，他放下了戒备，开始参与到我们的话题中来，就这样，我俩头碰头整整聊了一节课。从此，我再也没有感受到来自他的阻力，相反他成了全班的榜样。在他身上，我感受到了示弱的力量，表面上的示弱，实则收获了同盟。

关键词五：条条道路通"罗马"

我的身边有一位段老师，新接班后发现班级的常规管理是个大问题，于是集中火力采用各种方法进行引导教育，可效果并不明显。在试遍了各种方法都无效后，他创作了一首诗《假如我是你》。孩子们被段老师的真诚打动了，他们自发地背会了这首诗，还经常用相应的诗句提醒那些不小心又犯错的同学。

也许教育应该更温和一些，更细致一些，更平等一些。也许教育就是一首诗的触动，一片情的流露，一种责任感带来的智慧。

思进——做上进型教师

身为教师，普遍有一种焦虑感。社会对我们的要求高，家长对我们的期望值高，教师岗位的竞争也愈发激烈。怎么才能让教师有前进的动力，有乐观面对的勇气呢？

我想最有效的方法是设立目标，以获得在教学过程中的成就感。我们学校在去年就设立了一些奖项："教坛新秀""教学能手""骨干教师""学科带头人"等，这些阶梯式的荣誉设计，可供我们的青年教师将其设置成自己的短期目标或长远目标，进而一步步规划自己的教育人生。"虚荣心"其实是个中性词，合理适度的虚荣心对人的成长有好处，在正常追逐这些荣誉目标的过程中，教师往往能活出越来越精彩的教育人生。

一个学生遇到好教师是其人生的幸运，一个学校拥有好教师是学校的光荣，一个民族源源不断涌现出一批又一批好教师则是民族的希望。

"崇实、乐学、明理、思进"，让校训指引我们工作的方向，明确我们工作的目标。当我们感受到自己的工作对于他人和社会的价值时，就会获得一种成就感和幸福感。

夜空中最亮的星

阎　婷

"你是那夜空中最美的星星，照亮我一路前行"，每当我看到这句话，总能想起和209班一起走过的4年，这是我的教师生涯中最美的一场相遇。冬春磨砺，皆为序章，扎根附小，助力成长。在此，我谈一谈在班级管理中学生目标意识的培养。

目标，现代汉语中的解释是：希望达到的境界和标准。唐太宗在《帝范》中说："取法于上，仅得为中；取法于中，故为其下。"南宋文学批评严羽在《沧浪诗话》中说："学其上，仅得其中；学其中，斯为下矣。"有了目标，就有了照亮暗夜的明灯，就有了"虽九死而犹未悔"的坚定，就有了"为伊消得人憔悴"的无悔。有的人纵然天赋异禀，却浑浑噩噩；有的人驽马十驾，功在不舍，只因有明确的目标。班级管理也需要确立目标。目标是老师制定班规、确定教育方向的指南针，是孩子们奋力拼搏、团结一心的原动力，是家校配合、精诚合作的金钥匙。

以"崇实"为目标，脚踏实地，战胜困难，"衣带渐宽终不悔"。突如其来的疫情，打乱了正常的教学安排。在"上好每一节课"的目标之下，老师们结合网上的优质教育资源精心设计每一堂课，变成了绘声绘色的主播。学生们积极连麦打卡，收获了不一样的精彩。"写好每一份作业"，也是我们的目标。我们的作业落实"双减"要求，保质保量，在疫情期间，很多同学坚持完成作业、及时补交作业。在家长复工的情况下，孩子们的作业精益求精，书写认真，一句句评语根本无法表达我的激动与感动。

以"乐学"为目标，大胆创新，勇于挑战，"办法总比困难多"。我们班经常举办丰富多彩的活动，为了鼓励大家认真写作，我们举办了"以文会友"优秀习作交流会；为了鼓励大家多看新闻，我们办起了"209 Daily"新闻发布会；为了激发大家阅读名著的兴趣，我们举办板报画名著、课本剧演名著、故事会讲名著活动。就连疫情期间，线上故事会、自制书签评选、元旦联欢会海报征集等活动，也让同学们身在家中，心在课堂，老师同学，如在眼前。史无前例的全校期末"乐考"，大家的创意精彩，制作用心，家长也全力配合，有效增进了亲子关系，帮助孩子平稳度过居家封控期，班级纪念册里又添精彩一页。

以"思进"为目标，永不满足，不断超越，不待扬鞭自奋蹄。在学校举办的"跳大绳"比赛中，同学们都立下了"超越自己"的目标，抓紧每一次训练的机会，非常投入。有的同学脚疼不让家长请假，有的同学发卡断了也不捡，有的同学训练时失误，放学后就叫几个伙伴一起加练。有了这样的态度，大家在得知其他班出色发挥的情况下，力挽狂澜，跳出了593个的最好成绩。大家望着隔壁班同学狂欢的身影，都不敢上前询问，但得知自己成绩更好时，却特别平静。可能经此一役，孩子们深深地明白了这样的道理：哪有灵光一闪的幸运，只有奋力拼搏的成功。

有了切实可行的目标，教师才有协助监督的戒尺。从四年级开始，我就有意识地培养学生制定目标，新学期立下新学期目标，小长假写计划书，寒暑假写作息时间表，越详细越好，力求合理。有的学生所写内容过于空泛，一天就干那几件事。有的又过于紧密，从早到晚忙不停。目标太低或太高，都不切实际，需要建议引导。目标太高，不好实现，容易放弃；目标太低，没有挑战，不好提升。在定目标时，不仅要引导学生立下合理的目标，还可以引导学生自己写下：如果做不到，如何有效监督自己？老师按照学生自己说的方法进行监督，学生就比较容易接受。

有了赏罚分明的目标，家长就有了可以执行的家规。自从有了各种阶段计划书，家长们反映特别好，真正做到了有本可依，有章可循，不用再简单粗暴地催促："快写！别磨蹭！"孩子完成了计划中的内容，就按照他想要的奖励，满足他的心愿，让他有实现愿望的成就感。要是没完成，就遵照计划里的条款实施惩戒，孩子也心服口服。这种目标设定，既尊重个人意志，又有效缓解了逆反期孩子与家长之间的矛盾。

岁序更新，赋能远行，爱智浇灌，向阳生长。让我们也立下自己的目标，并向着它奔跑，相信一定会遇见更好的自己！

知非明理，尚德启智

——数学教育中的德育渗透

高小燕

德育是素质教育的灵魂，它是国家精神的体现；德育为"五育"之首，它是学校发展、学生成长的永恒主题。随着新课程改革的不断深入，教学活动中各个学科之间的联系也越来越紧密，在数学课堂中渗透德育教育，将数学教育与德育教育相结合，使其相互交融、自然生长，亦是教育改革的时代要求。

德融数理，润物无声

小学阶段是孩子思想逐渐成熟的阶段，良好的个性品质、行为习惯和思维方式正是在这一阶段逐渐养成的。陶行知先生说过，道德是做人的根本，根本一坏，纵使你有一些学问和本领，也无甚用处。"扣好人生第一粒扣子"对于学生价值观的养成至关重要。因此，小学阶段的德育教育就显得尤为重要。山大附小一直践行在数学课堂中渗透德育教育。

1. 于微处施品德教育

在实际教学中，我校的数学老师根据实际教学内容，仔细研读数学教材中的德育教育素材。例如，讲到"时、分、秒"时，教育孩子要珍惜时间，要有时间意识，使学生认识到"少壮不努力，老大徒伤悲"，"莫等闲，白了少年头，空悲切"；讲到"利息问题"时，不但要让学生学会百分数的计算知识，还要让学生从小养成勤俭节约的良好习惯；讲到"纳税问题"时，让学生从小要懂得依法纳税是每一个公民应尽的义务。

2. 于根处植爱国情怀

数学教材中，有很多有关爱国主义的教育内容，老师们应将这些隐性的内容"挖掘"出来，转化为学生易于接受的形式，借以培养学生的爱国情怀。例如，讲到"年、月、日"这部分知识时，老师引导学生在日历上找出重大纪念日，如国庆节、建党节、建军节等，使学生在学习中接受爱国主义教育；在讲授"圆"时，延伸到我国著名数学家祖冲之计算出圆周率在 3.1415926 和 3.1415927 之间，首次将圆周率精确到小数点后 7 位，这一发现比欧洲要早 1000 多年。通过这类挖掘与延伸，激发学生的爱国热情与民族自豪感。此外，老师们还可以引用中国的传统节日、社会实例等元素来进行数学教学，借以提高学生的文化自信和民族自信。

以人育人，以德育德

陶行知先生提到"学高为师，身正为范"，即一名教师除了要有扎实的专业知识和较高的文化水准，还要有良好的道德品质。教师不仅要用自己的学识育人，更重要的是以自己的品德育人，教师"要用自己的灵魂去塑造学生的灵魂"。教师的行为会时刻影响学生、感染学生。我们山大附小的每一位数学教师，在工作和生活中都能做到以身作则、躬亲示范，为学生树立榜样；明大德，守公德，严私德，潜移默化地熏陶感染学生；以人育人，以德育德，育人德为先，身教胜言教。

内化于心，外化于行

"没有一朵花一开始就是一朵花"。一个孩子思想道德的形成需要一个过程，在这个过程中需要有人教育引导。虽然我们不是班主任，但是也要深入学生的学习生活，也需要建构沟通、疏导孩子精神世界的桥梁。因此，教师在教育教学中渗透德育的同时，还要坚持导之以行、持之以恒。

导之以行，引导孩子积极吸收德育教育的营养，滋养自己的灵魂，充实自己的内心；持之以恒，守望孩子能秉持优良的品格，外化为自己的行为，涵养自己的人生。

知非明理，尚德启智

我校遵循"明理教育"的办学思想，在我看来，数学学科也应是"明理数学"：明数理，明教理，明学理。数学使人明理，以严谨的理性锤炼人的思维；数学教人思考，正所谓"运筹帷幄之中，决胜千里之外"。

智育是良好的思维习惯，德育是细小的行为习惯。智育和德育具有本质的联系，智育与德育也应有机结合，在价值传播中凝聚知识底蕴，在知识传播中强调价值引领，构建全课程育人格局。

在小学数学教学中加强学生的德育教育，是长期任务，它不但是提高数学教学质量的需要，也是素质教育的需要。我们所有的数学教师应该在教学中结合学生的思想实际和接受能力开展教学，以求达到智育与德育双重教育的目的。

世界的脚步从不停息，日更月换，春去秋来。我们的少年肩上担负着父母的期许、祖国的期望，我们的学校肩负着学生今日之成长、明日之发展的重任，这都需要我们教师坚持正确的知识传授和价值引领，履行立德树人的职责，让学生获益终生。

沟通有术

有效沟通　爱智共育

郭　佳

　　如何有效地做好家校沟通工作，对于现今的班主任老师来说，确实是一个值得研究的课题。一个班有几十名学生，背后是数倍于学生人数的家长，无论班主任如何尽心竭力、顾全大局，都不可能令每一位家长百分之百满意。随着时间的推移，矛盾萌芽，甚至有可能加剧乃至产生对立情绪，这种情况一旦发生，会严重危害班级工作的正常开展与家校关系的和谐稳定。这就要求我们班主任以爱智合一的教育理念为行动起点，采取切实有效的家校沟通策略，提高处理问题的技巧与境界，巧妙地"化干戈为玉帛"，构建起家校共育的稳固桥梁。作为一名有着近 30 年班主任工作经验的老教师，我对"如何与家长有效沟通"有一些粗浅的心得。

及时沟通，深度交流，因材施教

父母不仅是孩子的启蒙老师，也是孩子终身学习的引路人。每一个孩子身上都烙印着父母和家庭的痕迹，这一点我在长年担任班主任的过程中深有体会。因此，了解学生的家庭情况，比如：学生父母的职业、文化程度，家庭结构等，是助力家校沟通的重要法宝，有利于我们对症下药，采取针对性更强、有效性更高的解决措施。只要家长重视孩子的成长，我们就有沟通的机会和方法。

在中途接手一些"问题班"后，我会在第一次家长会上建议每个孩子的家长给我写一封信，在信中详细介绍孩子的成长环境、性格特点、爱好特长、优点不足，还有家长的教育理念、存在困难、给学校和老师的建议，等等。学期末的第二次家长会后，我会要求他们再给我写一封信，这次的重点就是孩子的成长变化以及给我后续的工作提出合理化建议。

由于班主任工作本身的烦琐忙碌，我们在平时难以做到和每个孩子的家长深入沟通。书信的方式可以帮助我们和家长进行深度交流，既能充分了解家长们的教育理念、对孩子的期望以及对老师的要求，又可以尽己所能因材施教，争取为每一位孩子提供适合他们的教育方式和方法，还可以避免许多由于沟通不到位而造成的误会和矛盾，达到"一举三得"的效果。

尊重家长，换位思考，真诚共情

教师是我们的职业角色，生活中我们也是家长，或未来将成为家长，因此，我们在工作时一定要学会换位思考，与家长真诚共情。许多教师爱生心切，出于"恨铁不成钢"等种种因素，有时难免口不择言，误伤了家长的自尊心。

有一句话一针见血地揭示了人际交往的原则："如果你想得到一个人的认同和好感，就夸他的孩子吧；如果你想最大可能地伤害一个人，使你们的关系中止，就指责他的孩子吧。"诚如所言，多数家长都"望子成龙、望女成凤"，假如我们总在家长面前过多列举孩子的缺点，会严重挫伤家长的自尊心，使其产生一种自己的孩子"无药可救"的挫败感。这不仅是一种鲁莽粗暴、不负责任的言行，而且会为孩子的健康成长与和谐的家校关系埋下隐患。

在多年的班主任工作中深深领悟到这一点后，我决定改变自己对待学生的方式。无论孩子的问题有多么严重，在与家长沟通交流时，我会首先处理好自己的情绪，客气礼貌地先肯定孩子身上的优点，再委婉地指出其不足，然后提出改进建议。实践证明，这种沟通方式取得了立竿见影的效果：原来最怵进学校、一接老师的电话就头疼的家长，一改以前逃避推脱的态度，转而和我一起想办法帮助孩子改正缺点、不断进步。

尊重家长，换位思考，真诚共情，让我越来越尝到了有效沟通的甜头。

心中有爱，爱中有智，点亮人生

教育是爱的事业，教师是爱的化身。我们每一位教师自走上三尺讲台的那一刻起，就应该始终以一颗不倦的爱心，无声地润泽孩子们的心灵。我们要关爱班级中的每一个孩子，用智慧帮助他们化解难题，陪伴他们健康快乐地成长。

我在班里发现有一名小男生下课后不愿和大家一起交流，总是一个人默默无语、心事重重，学习成绩也不理想，经常不完成作业，就连穿的衣服也总是脏兮兮的。经过了解得知，原来男孩的父母离异了，父亲整日游手好闲，不务正业，母亲重组家庭，二人都对这个孩子不闻不问。与孩子相依为命的爷爷80多岁了，照顾起孩子来力不从心。重重的家庭压力，让这个十来岁的孩子喘不过气来。我多次主动找他谈心，经常给他带食物、书籍，像对待自己的孩子一样，希望能让他感受到一丝温暖，但他脸上的笑容始终如昙花一现。我明白了，孩子最需要的还是来于自家庭的关爱。经过多方打听，我终于从孩子的大妈那里辗转联系到了长期失联的孩子妈妈。我向她介绍了孩子目前的困境，还"清官断起了家务事"——做夫妻双方的传话筒、调解员。几经周折，终于帮助孩子的父母达成新的协议——妈妈每个周末可以把孩子接到身边照顾和陪伴。重获母爱的孩子，脸上的笑容多了起来，不仅衣服变得整洁漂亮了，学习也渐渐赶上来了，还能经常看到他与其他孩子交流畅谈的情景。看到孩子的变化，我由衷地感到欣慰。

多年的班主任工作，会让我们接触到有各种特殊情况的孩子，无论是哪种情况，只要我们以"爱"为出发点，细心了解，深入调查，思考对策，与家长有效沟通，竭尽所能让每一个孩子感受到来自老师、来自学校的关爱，用智慧化解困扰孩子们的难题，陪伴他们健康成长，就能帮助他们点亮未来的精彩人生！

用心换位思考　用爱诠释教育

石慧霞

2022 年，刚刚研究生毕业的我，加入了山大附小这个大家庭，正式开始了我的教育生涯。在新生家长见面会上，我说过这样一句话：我将用爱和智慧守护孩子们的成长，绝不辜负学校和家长的期望。现在觉得想要真正实现这样的愿景，需要付出无限的精力和努力，要真正把教育作为信仰融入自己的生命，更要努力贴近一个个鲜活的生命。教育是与人心打交道的事业，最重要的就是学会换位思考。换位思考会使我们更易于理解他人，会带给我们更多的想象和更多的可能，会让我们找到迅速解决教育教学问题的方法。

假如我是孩子

一位好教师意味着什么？我的理解就是要热爱孩子、了解孩子、相信孩子，时刻不忘自己也曾是孩子。我们要学会蹲下身子，用孩子的眼光去看世界，用孩子的心去感受世界；要能设身处地站在孩子的角度去思考，耐心倾听，实现精神的共情；要能走进孩子的内心世界，感知孩子的情绪，了解孩子的需求，才能使孩子真正受益。

1. 做个有趣的老师

（1）让课堂变得有趣。当我回想自己的学生时代时，发现我喜欢的老师都是睿智幽默的类型，是他们点燃了我对学习的热情。于是我也尝试用各种方法让课堂变得有趣。除了偶尔穿插一些小玩笑，我还会在课堂上讲述一些天文地理、民俗节气等多元化的知识，让课堂变得丰富且充实。

（2）让作业变得有趣。响应"双减"政策，我对作业进行了精心设计。到传统节日时，我会让孩子们去阅读相关的绘本，了解传统习俗。在举行世界杯足球赛时，我会让孩子们拍摄主题曲视频，用彩色卡纸制作手工球衣，让孩子们感受竞技体育的魅力……

（3）让课余生活变得有趣。在早读时，我加入了《三字经》和《笠翁对韵》等课外知识；还在班里举行了查字典比赛，加快孩子们查字典的速度，培养竞争意识……

2. 做个民主的老师

教育需要的是民主型的教师，师生关系应该是平等、民主、和谐的。我尝试着和学生一起制定班规和奖惩制度，培养孩子们的主人翁意识。平常我也会搜集学生对我的看法和对班级管理的意见，不断改进班级管理策略，让他们敢于表达、敢于发声。

3. 做个有温度的老师

（1）陪伴要有温度。我会细心记住每个孩子的生日，在生日当天让全班同学给小寿星唱生日歌，用这样的仪式感让孩子们感受来自大家庭的祝福与温暖。我也尽可能地融入他们当中，和他们一起做游戏，一起拍照，一起运动。当老师不再高高在上，而是走进他们的生活时，他们便更容易接纳老师的教诲和意见。

（2）批评要有温度。古人云："以责人之心责己，恕己之心恕人。"批评孩子时，应当学会换位思考。对于犯错误的孩子，要学会宽容。态度上要宽容，保护孩子的自尊；时间上要宽容，让孩子有改正错误的机会和时间；处理上要宽容，促成孩子的自省。

假如是我的孩子

在第一次家长会上，我引用了我国台湾散文家张晓风的一句话："学校啊，当我把我的孩子交给你，你保证给他怎样的教育？今天清晨，我交给你一个欢欣、诚实又颖悟的小男孩。多年以后，你将还我一个怎样的青年？"家长对学校有着充分的信任，对孩子成才也有着很高的期待。当我们能真正读懂家长的内心时，家校沟通就会变得容易很多。

1. 做家长的倾听者

在工作的这半年里，我常和家长聊天。印象最深的一次，和一位家长聊了 6 个多小时，家长和我聊孩子的交友情况，聊和家人的相处，聊孩子的性格，聊她对孩子的期待……最近她给我发来了这样一段反馈：我看孩子最近的状态很好，越发懂事了，很感谢您对孩子的培养。类似这样的场景有很多，我知道，只有深入细致的家校沟通才能让我看到更加立体的孩子，从而更好地因材施教。

2. 做家长的指导者

家长在教育孩子时难免会有一些困惑和迷茫。所以我们老师应掌握更多的教育学和心理学方面的知识，能够及时给家长答疑解惑，帮助孩子更好地成长。我也会每月在家长群推荐一本书，分享经验和心得。家校之间形成合力，共同推动孩子健康成长。

这两个假如，不过是我作为教师，站在不同的角度来思考自己该成为怎样的教师，该提供怎样的教育。当我们真正站在"假如我是孩子""假如是我的孩子"的立场上，明白这份工作的分量和使命时，我们便会郑重地对待日常工作，真诚地对待我们的学生和家长。

回顾这半年多的日子，我为自己选择了这样一份工作而感到幸运。我与 53 个孩子的生命产生了联结。他们会在周五的下午抱着我说："石老师，又要有两天见不到你了。"还会和我说："石老师，我最喜欢和你在一起啦。"每天下午，当我走进学校时，会有一群孩子跑出来把我迎进教室。孩子们的情感单纯而美好，真挚而不加掩饰，如清水一样纯粹，又如美玉一般珍贵。我投出了"木桃",也在收获着"琼瑶"。看到每个孩子的成长变化,内心的丰盈和满足就是对我最好的奖赏。

教育不仅仅是经验的传递、方法的交流,更是精神的支持与情感的互动。我开始明白,为何人们总说教师是太阳底下最光辉的事业,不仅仅是因为教育承担着传道授业解惑的重要使命,更因为这是一份守护心灵、传递爱意与温暖的神圣职业。我将继续在山大附小这块沃土上努力耕耘,踏实做好这一份事业,用自己的光和热照亮更多孩子成长的路,也照亮更多家庭的希望。

第三章　爱智篇
AIZHIPIAN

　　六十年爱智共育，砥砺奋进。学校发展的每个阶段都曾上演着深入人心、感人至深的爱智故事，不管是天真烂漫的学生，还是兢兢业业的教师，每一个爱智故事，每一篇生活随笔，都是学校生活的踪迹，亦是心灵成长的写照。聆听故事，是追溯，是眷恋，更是享受，这些故事都曾经过山大附小爱的滋润，都曾拂过山大附小智慧的暖风。未来，附小人将一如既往用体会、用感悟、用收获，去抒写更美丽、更动听、更生动的爱智故事，收获拥有爱与智慧的人生。

明理思進照亮爱
智人生

庆祝山西大学附属小学建校六十周年

黄红东於苏州湖泊之畔 旭阳书

（姚国瑾为庆祝山大附小建校六十周年题字）

打开智爱之心，播撒爱智之情

马伟兰

结束了一天的工作，抬头向窗外一看，暮色已降临。下楼时，我看见四年级三班教室的灯依然亮着。

"这么晚了还没走，一定是晓爱又在加班!"我轻移脚步来到教室门口。

果然是她! 晓爱今年刚入职，是学校里最年轻的教师。从大学校园走进小学校园，她工作热情高涨，每天早来晚走。此刻，她正端坐在讲桌前埋头写着什么，全然没有发现已经走进教室的我。

"时间不早了，赶紧回吧!"听到我的声音，她抬起头慌忙站起身来："校长，这么晚了，您还没回啊!""你不也还在吗?"我满眼怜爱地看着这个和我儿子年龄相仿的小姑娘。

"怎么样? 刚接手的新班一切顺利吧!"

"还算顺利吧!"

"为什么说还算顺利呢?"我拉过一个凳子在她身旁坐下。

"刚接手新班，开学这几天，主要是师生互相熟悉。我听从岗前培训时老教师们的建议，把精力用在了'立规矩'上，孩子们也都比较配合，其他科任老师也反映班级纪律不错。但不知为什么，总觉得孩子们跟我有些疏远，有点怕我。您说我是不是太过严厉了?"

"哦! 怎么个怕法儿?"

"比如课间，孩子们前一分钟还玩得热火朝天，可一瞧见我，马上就安静下来，有的同学还会说：'老师来啦，别说话！'"

"这样不好吗？你立规矩不就是让孩子们听话吗？"我故意问她。

"我也说不上来，孩子们是很听话。可说实话，校长，我不大喜欢这种感觉。我喜欢教师这份职业，我想成为孩子们的朋友，而不是让他们害怕。"

"朋友！嗯！这个定位好！那咱们就朝着这个方向努力。"

"有什么好办法吗？"晓爱的眼睛一下子亮了起来！

"和你一样，源于喜欢，我选择了教师这一职业，而且也是一参加工作就当上了班主任。能参与到这么多孩子的成长过程中，并在自己的努力下，看着他们一天天成为更好的自己，我感到特别幸福，特别有成就感。关于一位好教师的标准，咱俩心有灵犀，好教师一定得是孩子们的良师益友、亲密伙伴。那时的我就常常琢磨，怎样才能成为这样的人？"

晓爱满脸期待，着急想知道我的"锦囊"。我也不卖关子，娓娓道来。

"在大量阅读中外经典著作、反复琢磨践行的基础上，我意识到想走进孩子们的心里，首先得让孩子们走进咱们老师的心里，让孩子们感受到咱们老师对他们的重视。"

"记得第二次新接班，我给自己布置了一个任务——以最快的速度记住每个孩子的名字，并承诺一周后的周会课测试。如果我记住了每个孩子的名字，他们要满足我一个愿望。对于我没记住名字的学生，他们可以每人向我提一个要求。于是我每天课上记、课下记，还和同学们交流经验：哪几个同学我运用了抓特点记忆；哪几个同学我进行了归类，求同存异；哪几个同学实在太像了，我就课上常点名回答问题，课下和他们玩耍，细致观察，举一反三。一个星期后，当我准确地叫出每一个孩子的名字时，我能够看到他们激动的神情中那份溢于言表的欣喜和扑面而来的情谊。"

"记住名字只是第一步，接下来我又告诉孩子们，一个月后我会记住每个孩子的声音。我们约定一个月后的第一节周会课继续测试。测试现场，我面对黑板背对孩子们，他们逐一随机站起来读一段课文，我要在五秒钟之内，准确地说出他们的名字。每个孩子都不放过考我的机会，整整一节周会课，一读一答，趣味盎然。和下课铃声一起响起的是孩子们持久的掌声，这掌声中有赞许，更有认可。第三个月孩子们测试我是否把他们的样子记在心里。孩子们任选一个自己喜欢的同学，用形象的语言描述他的样子，让我猜。这次测试可就没那么顺利了。每当我出错时，我会反复和孩子们理论：到底是我猜得不准？还是你们描述得不够形象？三轮测试结束，由陌生到熟悉再到亲密无间，我们亦师亦友，大家的心紧紧连在一起。"

"校长，您的这些方法可真好。我一直想着如何走进孩子们的心里，但可能我忘记先打开自己的心了。"

说完，晓爱和我一起笑了起来。

多年的实践经验告诉我：老师只有让每个孩子先走进自己的内心，记住每一个孩子的名字、声音、样貌，读懂他们的言行和心理，让每个孩子从细节中感受到老师对他的尊重、认可和重视，才能打开孩子的心灵。教育根植于爱，这份爱需要智慧的加持。想要成为一名优秀的班主任，首先要赢得孩子们的信任、尊重与敬佩。正所谓：亲其师，信其道；尊其师，奉其教；敬其师，效其行。

我变了　我没变

李　慧

My English Teacher

My English teacher is Ms Li. She is tall and fat. She has short black hair. Her eyes are small. Her ears are small too. Her mouth is also small. She is not beautiful. She is strict. I don't like my English teacher.

这是多年前我的一位学生写的一篇随堂测验命题作文，文中的"Ms Li"当然就是我。是的，你没看错，最后一句要表达的就是"我不喜欢我的英语老师"。读完这篇作文的那一瞬间，我也同样被震住了，脑子麻木而空白。随后，慢慢地，一股无以言说的沮丧和难过涌上心头。从教这么多年，我也明白，不可能让100%的学生都喜欢自己，但我一向自认为给予了学生足够的尊重与关爱。校园内外，我都会礼貌回应学生的问好，很多时候，我也会主动问候学生；课堂上下，我也会批评学生，但都是就事论事，绝不会讽刺、挖苦，伤害学生自尊；更多的时候，我会发现并表扬某些学困生的其他闪光点，来增强他们的自信心；为了让学生在放学前及时拿到作业本，我会把作业本提前放到班级门口，并在下面垫一张纸，以免地面脏污了学生的本子；偶尔发现学生不舒服或情绪不佳，我也会关切地问询、安抚。这点点滴滴，都是一份师生间的相互尊重，都是一份老师对学生的细心呵护与关爱。也正因为如此，我觉得即使有学生不喜欢我，也不至于会讨厌我到如此地步吧？明知我会阅卷，还故意这样写。这是对我的公然"挑衅"吗？当时，我真的有些生气，也有些难过，觉得自己的真心付出却换来这样的结果，太不值。

待心情平复后，我再看这篇作文，发现这个学生写的内容没有一点语法错误，描写也很真实、准确，所以我先给了文章满分 10 分。回看这个学生试卷前面的内容，整体也都很不错，只错了一个时态填空。看来这是个成绩优异的学生呀！看名字，我知道这是个男孩子。只是这批学生是我在他们上五年级后刚接上的，目前代课还不足两个月，班级多，时间短，我还没认全学生。他到底是个什么样的孩子呢？我是怎么"得罪"了他，让他如此不喜欢我呢？带着这些疑问，我去找了时任他们班主任的张月建老师。

从张老师口中我了解到：这个学生的理解力特别强，语、数、英成绩都不错，尤其是数学，好多思维训练题都难不倒他，数学考试经常考班级第一。但这个学生也的确很有个性，很有主见，不会随波逐流。这时的我已不再生气，只是急切地想知道答案。

上课发卷时，我悄悄留意了他，原来是这个皮肤有些黑、英语课上经常低着头"不听讲"的学生。课堂上，我常常大声说"Look at the blackboard（看黑板）！""Listen carefully（认真听）！""Look up（抬起头来）！"这些话像是对着全班说的，又像是针对他说的。因为他总爱低着头，我想提醒他认真听课，所以语气有时会带着愤怒。现在想来，我这种教育方法显然对他不适用，无形之中已经让他产生了抵触情绪。心理学告诉我们，有一种"听觉型"孩子，课堂上他们看似漫不经心，但老师讲的内容他们都能尽收耳底。这样看来，这个学生虽然低着头，但这也许只是他的一种听课习惯。只要不影响课堂纪律，也不影响他的听课效率，我就不应该再做强制要求。因材施教，是教师必须恪守的教育原则；以我爱智，育人爱智，是附小人提倡的教育方法。我下决心要解开他的心结。

于是，从那节课开始，我就有意识地多提问他，尤其是一些难题，因为我相信他能答得上来。或许是意外于我居然给他那样的作文满分；或许是意外于在他写完那样的作文后，我不但没有找他谈话，反而给予他更多的关注。总之，我们上课时的状态发生了改变，相处也逐渐变得融洽、和谐：我"凶"他的次数少了，笑眯眯提问他的次数多了；而他低头的次数少了，专注看我、认真回答问题的次数多了。

时间就这样悄悄流走，不知不觉迎来了他们的毕业考试。好巧不巧，那年的英语毕业考试作文，题目仍是"My English Teacher"。因为全年级只有我一个人代他们的英语课，所以我们允许学生真实地描写。同样的题目，同样的人，这次他是这样写的：

My English Teacher

My English teacher is Ms Li. She is tall and big. She has long black hair. Her eyes are small. Her ears are small too. Her mouth is also small. She is not beautiful but she is kind. I like my English teacher.

是的，在他心中，在他笔下，我变了，变得和蔼了，变得受"他"喜欢了。我变了吗？我觉得我没变，我依然保持着对教育的那份执着与热爱，保持着对学生的那份尊重与关爱。可与此同时我也觉得自己变了，因为我赋予了这份爱以智慧和温度，爱而"慧"爱。

一路走来，任时光匆匆，流年急逝，我始终在践行山大附小的育人理念：以爱育爱，以智启智，爱智共育，静待花开！

情深意长

王　平

1988 年 9 月 1 日，我第一次见到您。十几间青砖青瓦、木门木窗的平房坐北朝南，整齐地排成两排。虽是第一面，但并不陌生，有一种似曾相识的亲切感。我满怀热情，走进您朴素沉稳的怀抱，在这里开启了我的从教生涯。

1995 年 9 月 1 日，我看着您旧貌换新颜。从山西大学家属区到山西大学教学区物理学院北侧，我跟着您走了 7 年。朴素的平房变成了端庄大方的三层教学楼，越来越多的孩子投入您的怀抱，在您的呵护下学习知识，强健体魄。而我也始终追随着您的脚步，一边学习，一边成长。

2011 年 6 月，我继续跟随您向前走去。您搬迁至山西大学西南角，开始真正拥有了属于自己的一片天地。您壮观而挺拔的身影屹立于南中环与坞城路交叉口东北角，见证着一批又一批的学生从这里出发，奔赴自己光明的未来。而我依旧仰望着您，跟随着您，脚踏实地，稳步前行。

2021 年 9 月，为了容纳更多的学生，让他们受到更好的教育，我见证着您再次扩展自己的怀抱。您的身躯更加高大，您的胸怀更加宽广。我为您感到骄傲，又总会无比庆幸自己能成为您的一员。

此时此刻，已经是 2023 年。不知不觉间，我已经和您携手走过了 35 个年头：讲了 35 年的语文课，站了 35 年的讲台，送出了一批又一批的学生。回首望去，您依旧沉稳包容，焕发着勃勃生机。而我，即将离开您的怀抱，开启生命的下一段旅程。

我何其有幸，能一路见证您的成长壮大；我何其有幸，能在您温暖宽大的怀抱中工作至今；我又何其有幸，于千万年之中，时间无涯的荒野里，不早不晚，在即将离开您之时迎来了您的六十华诞。35 年相拥相伴，35 年并肩前行。忆不尽的点点滴滴，诉不尽的情深意长！

祝您——山西大学附属子弟小学，六十华诞快乐！

那些年

——谨以此诗庆祝山大附小 60 岁生日

王志飞

1995 年

附小刚搬进新楼

我刚刚毕业初上讲台

比台下的学生大不了多少

前一秒还故作严肃地坐镇教室

一下课就和学生在坑洼的操场上奔跑

2000 年

一年级的 108 班让我重回起点

一带就是六年

从小豆豆到翩翩少年

让我不断反思

从职业到事业

让我充满期待

从喜欢到热爱

2009 年

完成从数学老师到班主任的蜕变

从严父到慈父
处处操心，事事周全
对孩子多了几分耐心
对家长多了几分理解

2011 年
附小再迁新址，旧貌换新颜
明亮的灯光照着我斑白的鬓角
先进的白板映着我年近不惑的脸
但我依然挺胸昂首，阔步向前
从原来的严谨、勤奋、求实、创新
到今天的崇实、乐学、明理、思进
附小立德树人的初心从未改变

2023 年
二十八年倏忽过，花甲附小同庆贺。
老骥伏枥心尚热，帮扶晚辈为己责。
爱智教育点明灯，践行校训育幼苗。
桃李不言已成蹊，附小再启新征程。

如果我是你

——谨以此诗送给山大附小 196 鸿鹄班

段高峰

同学们，

看着你们阳光快乐的身影，

附小的校园也充满活力，

我的心中，

也会振奋不已……

我常常想，

如果我是你，

一定会在楼道里收起奔跑的脚步，

轻轻地走回教室，

因为，我不愿打破校园的宁静。

我常常想，

如果我是你，

每次上操放学站队时，

一定做到"快、静、齐"，

因为我代表的是我的班级，

不愿家长在风中伫立。

我常常想，

如果我是你，

会和每一个同学和睦相处，

不为鸡毛蒜皮的小事而争吵，

因为，我们亲如姐妹兄弟。

我常常想，

如果我是你，

就做一个爱护环境的孩子，

"勤弯腰"，拾起每一星杂物，

"多留心"，让我的校园更美丽。

我常常想，

如果我是你，

要做到早睡早起，按时作息，

因为，遵守时间是走向成功的前提。

我常常想，

如果我是你，

每次见到老师，一定将右手高举过头顶，

恭敬地说声"老师好"，

因为，我要用最标准的少先队队礼致敬辛勤的园丁。

我常常想，

如果我是你，

上课时要好好听老师讲课，

不做那个"爱动走神"的孩子，

因为，专心致志才能铺就进步的阶梯。

我常常想，

如果我是你，

放学回家，一定自觉完成作业，

绝不让爸爸妈妈耳提面命，

因为我已经长大，

快马扬鞭自奋蹄。

青春年华，如诗如画，

每当看到拥有最美时光的你们，

我多想变成你啊！

奔跑在朝阳下的操场，

徜徉在诗词歌赋的海洋，

走进畅所欲言的课堂，

畅游在浩瀚的知识海洋！

我多想变成你啊！

庄严地站在国旗广场，

戴上鲜艳的红领巾，

仰望着五星红旗高高飘扬；

我多想变成你啊！
用言谈举止展现素养，
在举手投足中践行礼仪，
用文明谱写青春乐章！

我多想变成你，
更想祝福你，
附小的莘莘学子，
愿你不负韶华，展翅翱翔！

传　承

穆锦霞

提笔写下这两个字时，记忆的闸门一下子被打开了，时光似乎倏地回到了那一年。

那一年，我刚来山大附小，对于一个新人来讲，一切都是新鲜的，一切也都是懵懂的。我一面急着熟悉了解这儿的一切，一面手忙脚乱地处理着班内的各种杂事，身心俱疲，恨不能有分身术。

我清晰记得，一次下课后，我正要去看同学们做课间操，班里的两个淘气包又发生了争执打闹，我气不打一处来，正要大发雷霆，我们的年级组长陈老师正好从楼道走过。她目睹了这一切，先是平静地向两个孩子了解事情的来龙去脉，然后柔声说道：

"现在是什么时间呀？"

"听说 153 班的同学做操队伍可整齐了，你们是不是打闹得忘了？"

"你们虽然还小，但我相信这些小问题，你们自己就能解决好，对不？先去上操吧，上完操你俩再谈谈，实在解决不了再求助老师，好吗？"

……

她不急不躁、平静温和的语气中，却蕴藏着巨大的能量。两个孩子一边听着，一边小鸡啄米似的点头。待他们离去后，陈老师也才缓缓离去。她用她的实际行动，给我上了这样一堂课：原来，教育孩子一定得正面教育，对于容易打闹的孩子，要保护他们的自尊心，让他们有自我觉察的意识；出现问题并不可怕，重要的是我们如何看待并智慧地解决它；在山大附小，任何时候，你都不是一座孤岛。

对于许多新人来讲，独自在外打拼的日子，难免会有一些孤寂难熬的时光。还记得有一次，办公室的一位年轻老师生病了，她无意间的一句"我这两天吃饭没有胃口"，被办公室的前辈王老师听见了。放学后，王老师执意把那位老师带回她家，并给那位老师做了暖胃又暖心的"爱心牌"拌汤喝。那碗拌汤，不仅温暖了她，也温暖着办公室的我们，让我们坚信：平凡的日子里，无论遭遇什么，爱都是我们前行的不竭动力，山大附小就是这样一个充满爱与温暖的大家庭。

时光的脚步匆匆，转眼间，我在山大附小工作也已经 10 多年了，我成了办公室里年龄最大的语文老师，并被学校任命为年级组长。随着肩上的责任越来越重，我时常在想，当年，前辈们传递给我们的爱与温暖，传授给我们的智慧，我又该如何身体力行地继承和发扬呢？

新学期伊始，每学期一次的公开课教学展示开始了。我们年级除我之外的 9 位年轻老师都要上台展示，且时间仓促。考虑到这既关乎每个老师的个人荣耀，又是向学校展示本年级整体教学教研水平的一个极佳契机，于是，我们团队马不停蹄地投入紧锣密鼓的准备中。

记不清有多少个中午，学生刚刚离校，我们就聚到一起，一边吃饭，一边开启了热火朝天的教研模式，大家畅所欲言，各抒己见，在交流中，思维进行着激烈的碰撞；记不清有多少个深夜，当喧嚣像潮水般退去，当所有办公室的灯光也渐次暗去，唯有我们三年级组办公室的灯光依旧亮着，我们读教材、研教参、创情境、提问题，尽情享受着教研的快乐，享受着属于我们的幸福时光。

印象特别深的是，有一天中午，我要给三位年轻老师再次磨课，在给前两位老师指点完后，第三位老师已经在等着了。她许是看出了我满脸的困倦，心疼地问道："穆老师，要不您先休息一会儿？"

"可是，后天就要公开课展示了，你明天还得再试讲呢！"我使劲甩甩脑袋，想甩掉一身的困意。

"可是……可是……您太累了！"她脸上的表情很复杂，有不安，有内疚，似乎还有自责。

"没事儿，咱抓紧时间开始吧，能坚持！我们一起！"

……

然而，等我再次睁开眼睛时，才猛然发觉，不知何时我竟然趴在桌子上睡着了。据那位老师讲，我上一句还在和她对话，下一句已然沉沉睡去。

还有一次，我和办公室的另一位老师磨完课，那位老师还在修改完善中，困意便像潮水般袭来，我索性下楼吹吹冷风。万籁俱寂，城市似乎也已昏昏睡去。走在校园里，我忍不住回头望向教学楼，周围夜色茫茫，只有我们办公室的灯光依旧亮着，一如我们心中那团始终闪耀着的教育之光。我情不能自已，忍不住用手机将那一刻定格。这样的镜头，这样的画面，在我们相处近三年的时光里，不止一次，而是太多太多。

时常会有人问我，这么辛苦，值得吗？不累吗？意义何在？其实，我也不止一次这样问自己。而今天，当我回忆过往，梳理这些经历时，我的答案愈加清晰，我的信念愈加坚定。

当我看到，课堂上，孩子们回答问题有理有据，朗读课文声情并茂，他们自信大方、侃侃而谈的样子，让我仿佛看到了他们璀璨的未来。我由衷地为他们感到骄傲，我的人生也因他们而更有价值。

当我看到，每次以年级为单位精心设计的活动结束后，家长们发来的感谢信息，他们无比信任地将孩子交给我们，他们用行动表示着对我们工作的认可、支持，在感动欣慰的同时，我也更觉身上责任之重大。

当我看到，年轻教师们授课时一次比一次从容笃定，一次比一次进步成长，在为他们骄傲的同时，我总会暗暗地对自己说：大概，这就是传承的意义吧……

当年，没有前辈们的以身作则、耐心指点，就没有我的快速成长。而今，我唯有用行动将他们传递给我的爱与温暖、传授给我的智慧继承发扬下去，青年教师才会快速成长，山大附小的发展才会有生生不息的力量，我们的山大附小，也才会更加欣欣向荣、蒸蒸日上，为祖国培养出更多德才兼备的建设者和接班人！

我们，责无旁贷！

我们，任重道远！

我们，甘之若饴！

脚踏实地 甘于奉献

赵小英

韶光流转，宝地育英才，满园芳草桃李；盛事如约，树人一甲子，喜迎六十华诞。今年是山大附小建校 60 周年，而我进入山大附小已有 18 个春秋。从进入山大附小的第一天起，我就下定决心：今天我以进入山大附小为荣，今后要以实际行动和成绩，为山大附小增光添彩。多年来，我勤勤恳恳、脚踏实地、爱岗敬业，得到了学生、家长、学校的一致认可。

甘于奉献，爱岗敬业

山西大学附属子弟小学历史悠久，积淀厚重，人才众多。它是学生腾飞的摇篮，是教师成长的沃土，是省内名列前茅的名校。作为山大附小的一名教师，必须高标准要求自己。

迄今为止，我参加工作已经整整 32 年。回顾过去，在自己的从教生涯中，我一直脚踏实地、任劳任怨。我热爱教育，也打心眼里爱孩子们。每当看到他们那清澈的双眸，每当听到他们那童稚十足的话语，每当和他们在一起，我都会被他们的纯真所打动，被他们的纯粹所吸引，被他们的热情所感染。是的，孩子们是这样的真实可爱，这样的纯粹至诚，我们的教育、我们每一个教育工作者也应当如此简单纯粹。所以，从教多年，对于教育，我要求自己永葆初心。

犹记得 2020 年，趁着暑假，我做了一个已经拖了很久不能再拖的手术。术后，医生强烈建议我休息三个月后再去上班。可我当时带的是六年级，那么多家长在关注，那么多孩子在期盼，我怎么可以让他们失望呢？于是，手术后我休息了 10 天，就毅然决然地返回工作岗位。虽然身体极度不适，但一看到孩子们那渴求的眼神，一想到家长们那沉甸甸的期待，我所有的不适就烟消云散了。那段时间，许是我的行为打动了孩子们，他们非常自觉，特别懂事。我看在眼里，感动在心里。

很快，毕业季到来了，我所带的数学科目取得了优异的成绩，我的心里也溢满了感动与自豪。真正的教育，从来不是简单的说教，而是以身作则，我做到了，孩子们也做到了。

甘为人梯，勇挑重担

自 1991 年 7 月参加工作，积极投身于教育事业的同时，我在工作之余也不忘学习，利用一切机会提升自我，多次参加各种竞赛活动。1996 年 11 月，我被评为省级教学能手。

荣誉只是对我的一个肯定，我从来不觉得自己应该躺在功劳簿上沾沾自喜，反而觉得应该承担起更多的责任和使命。在被评为省级教学能手后，各项事务更加繁杂，然而只要一有时间，我仍然会和年轻老师们一起研课、听课、评课，一起探讨最新的教学理念，一起就某一个问题进行辩论。无数个课后，许多个深夜，都是我们一起并肩战斗的时光，都留下我们共同拼搏的美好回忆，都浸染着我们对教育教学工作的那份赤诚。

写下这些文字的时候，我突然想起了自己近几年的工作经历：2017 年 7 月，我刚带完一个毕业班，本以为可以稍微缓缓了，结果因为某些原因，学校又让我带一个毕业班。学校有困难，我义不容辞。于是，我连续带了两年毕业班。2020 年 7 月，刚送走一个毕业班，我又接到了学校安排的新任务，去新的一年级组，并担任一年级数学学科长。对于一直带高学段、从未带过低学段学生的我，这是一个前所未有的挑战，而且还是带两个一年级班。然而，这是使命，亦是责任，我欣然接受。这几年里，我在各项工作中都取得了骄人的成绩，同时也不忘带领年轻教师研读课标、熟悉教材、剖析课例。看着他们由稚嫩走向成熟，我的心里无比欢喜。

真诚沟通，团结协作

教育是一项育人的工程、育人的事业。参与其间的我们，必须真诚。只有真诚，才能拉近彼此的距离，唯有真诚，才能真心换真心。所以，我并不认为自己应该有什么师道威严，我愿意蹲下身子，与家长、孩子和同事彼此真诚沟通。

首先，是和家长真诚沟通。因为孩子，我们和家长相遇了。每一位家长都对孩子充满期待，每一位家长都愿意为了孩子更好地成长去改变自己，并努力自我成长。所以，在和家长沟通时，首先，我会真诚地去想他们所想、急他们所急。在进一步深入了解每个孩子的特点后，我也会设身处地地走进他们心里，了解他们，进而理解他们，去真诚地接纳形形色色的家长。

其次，是和孩子真诚沟通。我愿意站在孩子们的角度去看待问题。他们小小的脑袋里装着太多的奇思妙想；他们的思维每每碰撞，都是一个奇妙的宇宙；甚至很多方面，他们就是我们的老师。所以，每当看到孩子们眼神里有困惑、有不解，甚至有委屈、有无助时，我都会和他们耐心沟通，进而慢慢化解他们心里的迷茫。

再次，是和同事真诚沟通。从教 30 多年，我已经是一名教育战线的老兵了。我的身边，更多的是年轻的面孔，他们对教育有着极大的热忱，但是，难免会遇到一些不理解他们的家长，难免会在工作中遇到一些比较棘手的问题。每当这个时候，我都会和他们一起想办法，给他们建言献策，帮他们排忧解难。尤其是我现在和两个比较年轻的老师搭班，班内不管举行任何活动，不管发生任何事情，我都愿意和他们一起并肩作战，让他们永远不觉得孤单。

　　寒来暑往，冬去春来，六十载峥嵘岁月，六十载沧桑砥砺。一代代附小人薪火相继，锐意进取，结出了累累硕果。今后，我将初心不变，励志奋斗，与山大附小同进步、共发展，辛勤耕耘，共谱祖国教育新华章！

向阳而生　追光不止

孙小利

时光荏苒，岁月如梭。转眼间，来山大附小已十五载，植根山大附小这块沃土，总有一种精神鼓舞着我，总有一种温暖包围着我，总有一束光指引着我。在这里，我常怀敬畏之心，播种幸福的教育。在这里，我感受到教育的最大幸福，是个人专业的成长，是努力靠近光、追随光、成为光、散发光的过程。

遇见你真幸运

良好的开端是成功的一半。那年，有十多年工作经验的我，带着满腔热忱扑入山大附小的怀抱，但我清醒地认识到，自己的专业能力与山大附小的要求还有一定差距，自己与山大附小的文化还需要慢慢融合。

我清晰地记得自己的第一次公开课，那么紧张，那么兴奋——我庆幸自己遇到了一位位专业本领过硬且助人为乐的老师，她们一次次听我的课，指出问题，分享自己的金点子，改进并完善我的教学设计。我庆幸自己遇到了马校长，她帮助我梳理课本脉络，设计教学环节。那是一个黄昏，校园都沉寂下来，唯有我们办公室的灯依旧亮着，她帮助我精心设计教学环节、仔细雕琢课堂语言……正因为有了他们，我才能在短时间内熟悉并胜任山大附小的教育教学工作。

有幸与山大附小相遇，因为这场相遇，我更深刻地理解了责任与担当，收获了发展与成长。

有理想最青春

人无志而不立，事无恒而不成。在青春岁月博观约取，才能在人生的旅程厚积薄发。进入山大附小后，我打破自己固有的认知，多听多看，在一次次自我学习中，在同事不遗余力的帮助中，在校领导听课评课的指导点评中，我在常态课、公开课及在扶贫活动中的示范课等不同的舞台上不断磨炼自己。

我的成长更多是得益于学校的教研活动与听课制度。形式多样的公开课，别具一格的同课异构，匠心独具的单元教学，同心协力的大单元备课，精益求精的课时作业设计……在异彩纷呈的教研活动中，我潜精研思，以积极的姿态面对发展、迎接挑战。

山大附小各学科教师们迥异的教学风格也在潜移默化地影响着我：循循善诱的语文老师，教导有方的数学老师，风趣可爱的英语老师，能歌善舞的音乐老师，活力四射的体育老师，丹青妙笔的美术老师……他们或温柔细腻，爱生如子；或严中有爱，亦师亦友。这些老师身上都有值得我学习的地方，同时也激励着我不断改进自己的工作。

奋斗者最青春

青春逢盛世，奋斗正当时。2008 年 9 月，我加入山大附小这个团结奋进的大家庭。在工作中，我结识了许多在教育田地里开拓进取、默默耕耘了几十年的教师，他们以身作则，几十年如一日，无私奉献；我也认识了许多朝气蓬勃、勤勤恳恳的年轻教师，无论年长年幼，我们都是风华正茂的附小人。我们用蓬勃的生命、浓厚的感情书写山大附小的精彩，我们薪火相传，砥砺前行。

每一位茁壮成长的附小人，都在书写着一本力争上游的传记，都拥有一颗拼搏奋斗的心。我们"择一事而终一生"执着专注，我们"干一行专一行"精益求精，我们"偏毫厘不敢安"一丝不苟，我们"千锤成一器"卓越追求。

我们寻梦而行，一路追光，力争为飞速发展的山西大学附属子弟小学增添新荣光！书写新精彩！

让爱滋润每一片心田

王　芳

　　爱是人类永恒的主题，也是每个教育者做好教育工作的灵魂。"学道爱人"，用真情关爱每一位学生，能做到像爱自己的孩子一样爱学生，也是我工作中的重要信条。追求用爱点亮孩子们的人生，也是我教育的最终目标。

　　今天，我就用三个发生在我教学生涯的真实故事，来诠释有爱的教育是如何拨动那一颗颗幼小的心灵的。

营造温馨的班级氛围，惊喜感动无处不在

　　低龄的孩子天真活泼，脑子里充满童话色彩，尤其是对各种大大小小的节日，满脑子的奇思妙想。作为班主任，我抓住孩子们的这一心理特点，为他们营造充满童趣的学校生活。

　　有一年的平安夜，我精心设计了自己"策划已久"的"平安夜计划"，把提前准备好的奶糖和卡片装在三个圣诞袜里，然后分别挂在三个窗户把手上，拉住窗帘，离开学校。

　　第二天一早，当孩子们到校后，卫生组长拉开窗帘的那一瞬间，令大家惊喜的一幕发生了——"哇，快看，这里挂着什么呀？""圣诞老人昨晚来过！""给我们送糖果了！"我也装作一脸诧异地走到窗户跟前，满脸疑惑地顺手拿下三个沉甸甸的圣诞袜："孩子们，真有糖果啊，还有一张卡片，来，我们看看圣诞老人都说了什么？"顿时，教室里悄然无声，孩子

们瞪着眼睛、伸着脖子聆听"圣诞老人"的祝福："215 班的小朋友们，你们聪明、可爱、懂事、乖巧，我太喜欢你们啦！——圣诞老人。"

看着孩子们眨巴着眼睛那兴奋又激动的样子，我借机对他们这一学期的表现进行了一番总结、激励后，孩子们最期待的环节到了。教室里一片欢腾，几个孩子戴上我提前准备好的圣诞帽，扮成圣诞老人给大家分发糖果。领到糖果的孩子，兴高采烈地谈论着关于圣诞老人的各种传说，并把糖果小心翼翼地装到口袋里，准备回家后与家人分享。

我坚信，这份美好的记忆，定会陪伴他们度过童年的美好时光，并成为他们成长岁月中美好的回忆。

尊重孩子的个性特点，智慧解决每一个难题

明明是一个天真可爱、很有个性的男生。一次，在课堂上，我意外地发现他戴了一条新项链，一节课一直低着头玩项链，根本不听课。怎么解决？我该在什么场景下以什么样的语言为切入点进行这次谈话？狠狠地批评？禁止佩戴？或者通知家长不要给孩子佩戴贵重饰物？我陷入了思考。

上操时，我若无其事地走到明明跟前，故作惊讶地说道："哇，好漂亮的项链！看起来还挺贵重，一定有来头。"被"关注"到的明明话匣子马上打开了："这是妈妈送我的生日礼物，意义非凡，所以我想永远戴在脖子上。"

"我说嘛，看起来就不一般。"但话锋一转，我又满脸严肃，"孩子，我想给你提个建议——因为我们是小学生，小学生要衣着朴素，不允许戴饰品。王老师建议你今天放学回家把项链收好，好好保管起来，等到外出旅游度假时再戴上。你戴上这项链真的挺帅的。同意吗？"

经过这番引导，孩子心服口服，痛快地答应了。第二天上课，我注意到项链已不在明明脖子上了，孩子信守了承诺。

小学生虽然身心发育还没有成熟，但他们和我们成人一样也有尊严，

也需要被尊重。因此，在面对问题时，我们需要多一些换位思考，多一些理解，智慧地处理每一个问题，会使我们班主任工作的开展卓有成效。

走进孩子的内心世界，倾听他们的真情实感

每周一次的班会上，我喜欢采用多种形式奖励学生，目的是帮助他们树立自信心，我觉得哪怕是老师的一个小小的拥抱，也是对学生最好的褒奖。

记得一次班会，我按照惯例对学生进行了不同形式的表彰。但那天晚上下班后，我接到了小钰妈妈的电话，她有些为难，向我提出了一个请求，说孩子特别渴望得到王老师的拥抱。

小钰是一个乖巧腼腆的小姑娘，由于平时沉默寡言，不善交际，所以在学校各方面的表现总是平淡无奇，也就很少有机会受到表彰。

也就是那天下午放学后，孩子一回家就哭起来了，说她多么想得到王老师的一个拥抱，可偏偏自己哪一方面都不够优秀，也就是说，可能永远得不到王老师如妈妈般的拥抱。那一刻，我的内心感到一丝愧疚，自责自己很少关注到这个女孩。她心思如此细腻，感情如此丰富，我却总是不自觉地把更多关注放在了优秀生身上，忽略了身边像小钰这样默默无闻、但需要更多关爱的普通学生。教育，理应让每个人被平等对待。

第二天的课堂上，我借机设计了一个简单的问题，微笑着走到小钰面前请她回答，她先是一顿，继而变得紧张局促起来。我一番鼓励后，她勇敢而自信地说出了答案。这时，我借机表扬："小钰学会思考了，变得大方了，老师为你高兴！"说着，我向前一步，张开了双臂，孩子马上也明白了我的用意，一下扑到我的怀里抱住了我，我又抚摸着她的头鼓励了她一番。

这次经历让我体会到，我们应该更多地关注普通学生，对他们每一次微小的进步，要及时地表达关怀、温暖与认可，这样，可以让孩子积极面

对生活中的每一件事情。

　　我国近代教育家夏丏尊说过，教育没有情感，没有爱，如同池塘没有水一样。没有水，就不能称其为池塘，没有情感，没有爱，也就没有教育。这应该是我们所有教师的共识。愿所有的教师心中都充满真爱，把真爱的种子植根于每一个孩子的心中，相信它一定会生根、发芽，并结出喜人的硕果。

师爱无言　花开无声

梁　霄

高尔基曾经说过："谁爱孩子，孩子就爱他。只有爱孩子的人，他才可以教育孩子。"我上大学时便将这句话深深地扎根于心，所以自从踏上三尺讲台的那一刻起，我坚持以爱浸润孩子，以行动走进他们的内心。如今我入职山大附小已近十年，去年又加入了妈妈行列，这一感悟越来越深刻。

畅畅是个文静的小女孩，眼睛里总是流露着与她的年龄不相符的忧郁。性格内向的她不喜欢回答问题，也不喜欢自我表现。起初她在班级里并不显眼。在管理班级的过程中，我时不时地跟她谈心，通过一段时间的相处，逐渐走进她的内心。她也慢慢开始与我亲近，下课经常凑到我面前问一些"有趣"的问题，或是讲讲班级里的新鲜事，或是谈谈自己看课外书的困惑，或是说说与同学相处的趣事……

渐渐地，我发现平时少言寡语的她其实是个心思很细腻的孩子，很多微乎其微的事情她都能观察到，甚至班里发生的各种事情，都能成为她写作的素材。后来在与家长的沟通中发现，畅畅回家经常讲学校发生的事情，而且大多是讲语文课上发生的事情，她妈妈与我都感受到了她对我的喜欢。慢慢地，她的语文成绩有了一定的进步。第二学期，她的语文成绩更是名列前茅，同学们推选她当了语文课代表。她学习语文的兴趣更浓厚了，课堂上也开始积极回答问题，课下更加主动地问问题，还让我给她推荐课外书，阅读水平更是突飞猛进。她脸上的笑容也越来越多了，她的心灯已经被我点亮，在爱的滋养下闪烁着耀眼的光芒。

作为班主任和语文老师，我欣慰于她的进步，当她的成绩趋于稳定后，我与她谈心的次数慢慢少了。不久后我惊讶地发现，她的学习态度没那么认真了，学习热情也没那么高了，出现了上课走神、发呆、不回答问题等现象。于是，课下我找了一个合适的时机跟她谈心。她哭着说道："我的语文成绩比以前好多了，老师却没以前那么关注我了，我就开始走神了；而且今年我的弟弟也上一年级了，妈妈觉得我的习惯不错，不管我了，都管弟弟了，妈妈爱弟弟不爱我了……"她的话像一把利剑扎在我的心上，让我错愕。我心疼地开导她，同时也及时与她妈妈沟通。随着我与家长之间的配合和对她的及时鼓励，畅畅确实又发生了变化，课堂上学习积极性提高了，可是一向漂亮的作业却完成得一塌糊涂。

我又一次专门与她谈心，这才了解到，原来她为了让妈妈每天多陪她一会儿，回家便不好好完成作业，执意让妈妈陪她完成。看来二胎妈妈一碗水确实难以端平啊！为了尽快让她改变，我让她每天放学留下来在学校写作业。刚开始，她不是很乐意，后来她发现老师能陪着她写作业，而且工作忙碌、从不接她放学的妈妈也能来亲自接她，她便又重燃信心，像换了个人似的，成绩突飞猛进。

但是我知道，这些办法都是缓兵之计。于是，在她状态最好的那段时间，我又找她谈心，让她知道妈妈和老师都是关心她的，都是爱她的，她不需要有这种不安。她当下没有给我什么回应，过了一周，她过来跟我说："老师，我明天就不留下写作业了，我要回家自己独立完成，我也能完成好。我知道了，老师和妈妈是爱我的，我已经长大了，能独立了，请您相信我！"畅畅的回应出乎我的意料，没想到不到 10 岁的孩子能说出这样的话。之后她也用行动证明了这一点，她确实能做到。我们经常说浇花浇根、育人育心，通过对畅畅的观察和引导，正说明了只有用爱启迪学生的心智，才能滋润学生的心田。

教育如同农业，需要我们精耕细作。唯有用心，教育才会鲜活；唯有用爱，教育才会在师生间绽放美丽的花朵。当我们俯下身来，走进学生的内心，用爱滋养学生，我们就会聆听到最纯净而又最真挚的声音……

用爱点亮心灯　用智指明方向

陈　静

"与你相遇，好幸运，我们会尽全力让附小更加辉煌和美丽……遇见你的注定，我真的好幸运。"这首《小幸运》是我在 2018 年学习汇报时改编的歌曲。流年无声，悄然间，我已在山大附小这片沃土上耕耘了近 20 个年头。回望自己的职业生涯，在教与学的碰撞中，正如德国哲学家雅斯贝尔斯所言，我幸运地见证了一棵棵茁壮成长的大树、一朵朵飞腾向上的白云、一群群有趣有爱的灵魂。

爱智共育，用心关爱每一个孩子

从教近 20 年，我遇到了形形色色的孩子和家长，也面对了纷繁复杂的问题。我常常在思考：要唤醒孩子的潜能、激发他们的内驱力，让他们主动乐学，怎么做最好？其间有过困惑，有过迷茫，更有过委屈，但最终我发现：爱才是最好的教育，无论什么样的孩子，老师和家长只要付出足够的爱，孩子们终将收获属于他们的成长。

三年前，我临危受命，刚带完毕业班便接手了整个五年级的英语课。当时有一个班的纪律比较乱，成绩很不理想，孩子们自我管理能力弱，课堂学习效率也很低，还有十几个孩子问题比较多。

接手这个班之后，通过和班主任、家长的沟通，我仔细分析了每个孩子的性格和学习习惯，和他们聊天，了解他们对学习的想法和存在的困难，进而不断调整教学方法，并结合我作为心理咨询师的一些专业知识，把心理学和英语知识糅合在一起，让孩子们在收获知识的同时，还能从心灵深处感受到英语课堂带给他们的品质提升：比如说如何对待学习，如何乐观生活，如何和同学进行有效的交流……我都会结合相关英语课文设计话题让孩子们进行探讨；有的孩子和家长闹情绪，我就会劝诫他们怎样去理解父母，怎么和父母进行融洽的交流等；有的孩子觉得英语课枯燥无味，我就在课上设计一些课本剧、游戏、改编歌谣等，尽量让课堂好玩有趣……

通过深入交流，孩子们逐渐敞开了心扉，课堂效率明显提高了。为了加强管理，我跟孩子们共同制定班级公约，约定如何去专注学习、高效完成作业、落实奖惩制度等。慢慢地，孩子们越来越喜欢上英语课，他们总能给我带来很多惊喜。毕业时，班里的成绩有了很大的提升，优秀率竟然达到了 95% 以上。

惊喜的同时，我不禁感叹：这就是爱智教育的魅力，老师们把积极的能量传递给学生，不断唤醒学生积极向上的内驱力，孩子们的认同感和感恩意识就会被唤醒，进而结出累累硕果。

爱与信任，不让一个孩子掉队

在教学的过程当中，总会遇到一些比较费心的孩子。每当这个时候，我总会提醒自己，每粒种子都有属于它的花期，要耐心呵护，静待花开。

记得六年前的那届毕业班有一个男孩儿，个子长得特别高，爱搞恶作剧，经常欺负其他小女生，和男同学打架，不完成作业，还顶撞老师和家长，可以说很多青春期的负面问题都在他身上反映了出来。

后来我发现，这个孩子不知不觉间被其他同学孤立了，没人愿意主动搭理他。于是我主动关心他，经常让他帮我做一些诸如发作业本、搬作业本、擦黑板的工作，也经常和他聊天。时间一长，他竟然会主动找我交流，我们之间慢慢地建立了一种信任。

交谈中我发现了他的兴趣点：喜欢打篮球。于是我建议他去认真学习打篮球，有热爱就去追求。一年的时间，这个孩子在篮球运动方面有了很大的提高，同学们也开始欣赏他。升入初中以后，男孩顺利入选了校篮球队。在收获自信的同时，他在其他学科方面也激发出学习内驱力。目前，这个男孩已经以篮球特长生进入太原市实验中学读高中。是爱的滋养，让这朵稚嫩的花朵逐渐开始吐露芬芳。

人，生而不同。作为老师，我们能做的，就是用纯粹的爱去关心每一个孩子，去发现每一个孩子的禀赋，为他们提供正确的引导。看着他们一点一点地改变，这是我觉得为人师者最有价值、最幸福的事！

家校共育，用爱照亮别人和自己

孩子的成长，家校共育至关重要。作为老师，我始终和家长保持紧密的联系，及时了解孩子们在学习和生活中遇到的问题，为孩子们的健康成长保驾护航。

2022 年，因为疫情，许多医护人员因为工作原因奔赴抗疫一线，他们的孩子则独自居家上网课。我所带的班级中就有这样一个孩子。

孩子的爸爸妈妈都是医生，在医院工作期间被紧急隔离无法回家，家里只剩孩子一人，吃饭依靠邻居照顾，学习只能靠自己。白衣天使在守护我们的健康安全，而他们的孩子又由谁来守护呢？

所以，当家长和我第一时间联系说明情况后，那段时间我便格外关注这个孩子，不仅关注他学习上的困难，更关注他生活上的不便。课上也经常给这个孩子更多的展示机会，让他回答问题，让他把作业拍照分享给同学和家长等，以此鼓励这个独自在家的孩子，帮助他树立坚定的信念，勇敢面对这份挑战。我也偶尔打电话和孩子交流，让他觉得自己并不孤单，老师一直和他在一起。疫情结束后，我惊喜地发现，这个孩子比以往更自信了，心智也成熟了不少。

　　师者，筚路蓝缕，多年如一日，不只是为了让更多的孩子心怀阳光、茁壮成长，更是为了让更多的孩子得到爱、懂得爱、付出爱，这才是教育的温情所在。未来，我将继续用行动诠释山大附小的育人理念：以爱育爱，以智启智，爱智共育，踏歌而行。

小小的垒球，大大的"爱"

武　炜

2017 年，中国垒协在太原市举办了一次垒球推广活动。由于它兼具趣味性、安全性，且注重礼仪的训练与个人修养的提升，我很快便痴迷上了这项运动。后来，经过专业的垒球学习与考试，我开始了自己的垒球教学生涯。2018 年，我又从学校一年级新生中选拔队员，成立了山大附小的第一支校级垒球队伍——"崇实队"。

使命在肩，责任在身，为了提高学生的垒球水平，也为了将垒球教学发展成为我校的一大特色，我带领这支队伍开始了争分夺秒的训练。无论是上学前、放学后，还是周六日、寒暑假，无论是烈日炎炎，还是大雪漫漫，学校的操场上都能看到队员们奔跑打球的身影，都能听到队员们欢呼呐喊的声音……经过这样一年又一年披荆斩棘的训练，孩子们的球技突飞猛进。我们就这样刻苦地练习着，耐心地等待着，等待着机会的来临。

机会终于来了。2022 年暑假，我带领队伍参加了贵州兴义举办的全国软式棒垒球锦标赛。在这强手如林的赛场上，每一分都显得尤为重要。每一次击球、每一次传球，都紧紧地叩击着我们的心弦。由于缺乏大赛经验，第一场比赛我们就被打了个措手不及，后面比赛的连续失利让队员们的心理发生了巨大的变化，他们像蔫了的花一样无精打采，有的队员甚至开始打退堂鼓。

我看在眼里，急在心里，却一丝一毫不能显露给他们，相反，我还得想办法化解他们的压力。为了帮助队伍赢得后面的比赛，我每天安顿队员们回酒店休息后便返回赛场，逐个观看对手比赛的视频，分析对手的弱点，以便提前进行针对性的战术安排。每天晚饭后我会召集队员们开一个总结会，或总结得失，或分析对手弱点，或加油鼓劲，或私下谈心……我真诚地激励他们，用心地陪伴他们，他们也用行动回馈了我。

那是全国赛的第四场比赛，前三场我们一平两负，这场比赛显得尤为关键。可屋漏偏逢连夜雨，对手是上届冠军，实力强劲。前两局比赛，队员们发挥还比较稳定，两支队伍比分不相上下。但由于队员们神经紧绷，随着比赛时间的拉长，失误慢慢开始出现：接不住地滚球，高远球进入手套又弹出来，强棒打不出球……他们自责、不知所措的神情深深地印在我的心里，我既焦急又心疼。

待第四局结束，我一改以往赛前的鼓励方式，柔声说道："最后一局了，放手一搏吧！无论输赢，老师永远陪着你们！"孩子们似乎感受到了我的爱，最后一局稳扎稳打，不停地追齐比分，是爱的力量让我们愈挫愈勇，越来越强。轮到最后一棒时，我们的比分只落后一分。这一刻，我喜忧参半：最后一棒是我们的强棒，如果这一棒发挥出来我们就能反超比分——最终赢下比赛。可前几局比赛中，最后一棒队员的发挥并不稳定，我的心里五味杂陈。上场前，我在跑垒指导区叫了他一声，并朝他竖了个大拇指，他看到后朝我点点头，便坚定地上场了。

世界仿佛静止了，时间似乎停滞了，周围的一切仿佛都消失了。随着裁判一声令下，只见他双手紧紧握着球棒，双脚不停地移动着，站定后坚定地挥起了球棒……只听"砰"的一声，球朝着本垒打围挡上方飞出去了，场下顿时响起了欢呼声。赢了！我们赢了！队员们纷纷跑向他，拥抱他，抛起他，他也似乎在回应我似的，远远地朝我竖了个大拇指，露出了久违的笑容。这一仗，彻底扫清了前几天比赛带给我们的阴霾，极大地增强了队员们的信心。在之后的比赛中，我们的队员越打越好，顺利拿下了之后的每一场比赛，最终我们获得了全国第四的好成绩。

垒球虽小，但承载了学生和老师之间大大的爱，我用智慧去传播爱，用爱来启迪智慧。我感恩自己能成为附小人，我愿用我的爱智，去践行附小的"爱智"教育；我也愿和大家共同努力，让垒球运动成为我校的一大特色，让每一位山大附小学子的眼中都闪烁出爱智的光芒。

牵着"怪"孩子慢慢走

张鲜艳

在学校，教师每天进出各个班级总会遇到各种各样的学生。有的学生思维敏捷、聪明伶俐；有的同学严谨稳重；有的同学似"可爱宝"；有的孩子如"淘气猫"……总之，每位学生都是一个独立的个体。然而，在众多个体中一个"怪"同学（暂称为 G 同学）引起了我的关注。说到"怪"，大家很好奇，到底"怪"在哪里呢？

首先，他的表情有些怪：他中等个头，胖乎乎的身材，一双圆又大的眼睛，眼里总是带着自信、不屑的意味，就是这一双不屑一顾、顽皮的眼睛，常常引起师生的关注。

其次，他的态度和行为比较怪。

我对 G 同学有初步印象是在一次监考中，当时他的桌子是歪着的，我几次提醒他摆正桌子并坐端正，他每次都是不紧不慢地抬头瞅我一眼，然后对我的话不予理睬。

深入接触他是在 2016 年，我带上他们班的科学课之后。每次去上课，他总是被列入不带书的行列，或者是带书但不看书的群体里，而且总是沉浸在自己的世界里，自己做自己的。我曾问他为什么这样，他总是无所谓地瞟我一眼，不做解释。此外，上课时，他总是在大家回答问题时默不作声，而在我认真讲解时，他一个人自言自语。所以我总是被打断暂停下来，因他的不够礼貌而暗自生气。但是待他说完，对他的认识就会有180 度的转变。在他絮絮叨叨的声音中，竟然能提出一些他人无法提出的问题，其见解也颇有深度和广度。这让我发现他聪明过人的"怪"。

过后，我就想如何去改变他这种不良的学习态度和行为习惯，而让其聪明才智得以发挥。于是，在以后的教学中我尝试性地做了这样的应对措施：当他不分场合与时宜，自顾自地进行表达时，我总是给他一个无视的眼神继续讲课。等到他着急并感到生气时，我再淡淡地说："回答问题要态度端正，而且发言前要先举手。"他听了之后，瞅我一眼，低下头，似乎在想："要不要臣服于老师?"但是看得出，他还是想急抒己见。看着他思前想后半天最终还是举起了手，此刻我及时给予他表达的机会，并在他说完后给予积极的评价。

"不仅说得好，而且开始学会举手表达，有进步！继续保持。"

在之后的授课过程中，他虽然还有几次忍不住自言自语，但较之前有了很大的转变，这让我倍感欣慰。

然而好景不长，他更"怪"的行为又出现了。事情发生在圣诞节的第二天，我上完另一个班的课后，收到一个包装精美的平安果，随即将它和教学资料一并放到了 G 同学班的讲桌上，然后去了趟卫生间。在返回该班的途中，一名学生笑嘻嘻地向我走来说："老师，G 同学把你的苹果咬了一口。"待这名学生说完，我惊讶地笑了，并带着半信半疑的神情回到了该班。当我走上讲台，发现苹果盒子倾斜在讲桌上，透过开口的缝隙，果然能看到苹果被咬出小坑的痕迹。当时我觉得特别有趣，但又有些不可思议。于是我趁着还没上课，走到 G 同学跟前，故作不知情地说："老师送你一个平安果，祝你平安快乐!"当时，我观察了他的表情，他有些不知所措，又有点怕被揭发的忐忑表情，那刻他脱去了自信、轻视的眼神，而是充满紧张与羞涩的神情，他在自己的座位上顿了顿，手摸着苹果盒子，不知该接还是不该接。此刻，正好铃声响起，清脆的铃声暂时给他解了围，我开始授课。过了一会儿，我发现他把我送他的苹果盒子扔到了地上，把苹果放进了自己的桌兜里。

此事过后，我再次思考德育的重要性。当天，我去其他班上课也只字未提这件事，因为我想给他尊重和保护，更想去扭转他、改变他。

过了两天，针对这件事，我与他进行了一次尝试性的谈话："G 同学，那天课前我没有当场指责你的行为，也未跟任何同学提及，就是不想让别人因为你一次调皮的行为去嘲笑你，我更相信你是一个懂礼貌、重己尊他的好孩子。学习固然重要，做人更为重要，以后不能再那样了。"

那一刻，"怪"孩子一甩以往狂妄的表情，像个乖孩子似的低着头说："老师，我知道错了，我再也不那样了。"

这是我教他以来第一次看到他主动诚恳地表态。看着他那红红的脸蛋，我又接着说："老师相信你以后会有一个全新的变化，我期待哦！"

事实上，在之后的学习中他的改变确实很大，在那个学期末，我脑海中对他的"怪"印象已然抹去。不过，通过课下交流，发现在部分老师的印象中，他仍然很"怪"，怪在平时看着不学习，考试成绩却非常棒。于我而言，这是意料之中的事，我淡笑而过。

通过与 G 同学的接触，我渐渐明白，每个孩子起初都像一块成色不同的原始玉石，教师要尽好匠师之道，精心打磨，用心呵护，慢慢显出他们内在的温润和光泽。不仅如此，原有的瑕疵经过切磋琢磨，也将是每个个体价值的体现和象征。同时，也像大家所期望的那样：我们不仅要注重孩子的知识、智力教育，更要关心孩子在思想上、精神上的成长，向着全面和谐发展的教育迈进。

"十年树木，百年树人"，教育是一个长期性的工作，我们每天又面对着参差不齐的个体，更需要我们用耐心、爱心和慧心去从事这一神圣职业。我相信，不同花期会有不同的果实呈现，在收获的季节，我们必将看到一道道亮丽的风景线！

爱，让每一个孩子成为学习的主角

孟　勤

鲁迅先生曾说过："教育是植根于爱的。"冰心也曾说过："爱在右，同情在左，走在生命路的两旁，随时撒种，随时开花，将这一径长途，点缀得香花弥漫，使穿枝拂叶的行人，踏着荆棘，不觉得痛苦，有泪可落，也不是悲凉。"我选择了教师作为自己一生的职业，也就意味着要付出更多的爱。

151 班是我在山大附小接手的第一个班级，一带就是三年，直至他们毕业。我何其有幸和他们一起成长，一起蜕变。在我的教育信条里，教育从来都是源于生活的。我努力尝试将课本知识与孩子们的生活拉近距离。没有多么地刻意为之，只是巧妙地学着"借风使舵，顺水推舟"。

依稀记得孩子们在四年级时参加了我组织的童话剧表演。刚开始，我很担心孩子们排练话剧会遇到困难，但当孩子们领到任务后，却表现得特别积极和认真。他们不光读童话、讲童话，还真正走进了童话。当舞台中央的灯光打在每个小演员的身上时，我惊讶于他们激情澎湃与活灵活现的表演！那一刻，每一个孩子都是最耀眼的主角；那一刻，每一个孩子都是一颗爱的种子。活动的呈现自然也得到了家长、学校的一致认可。

我想，那一刻，孩子们的演绎早已超越了学习的范畴，不管是学校还是家长，完全不用再担心孩子们对于中外文学是否能够理解，因为他们真正在用心去诠释人物的性格、展示人物的魅力。这样的语文学习生动而意义深远。这样的语文学习又何尝不是充满爱与智慧呢？

转眼孩子们就要升到五年级了，我又开始思考如何让孩子们继续在学习的舞台上大放异彩。通过研读最新的语文课标，认真规划新学期的教学计划，我最终决定，结合课本第一单元的学习要求，鼓励孩子们筹划一场辩论会。因为辩论会的筹划和开展，既能锻炼孩子们的组织能力、表达能力、思维能力、辩驳能力，同时，能培养孩子们的团队意识与合作精神。这时候一个好的辩题就显得尤为重要。

为了尽快找到最好的辩题，我邀请孩子们和家长集思广益。果然，大家参与的热情高涨，纷纷提供了各类有趣而又有意义的辩题。最终，孩子们在几位任教老师和家长的帮助下选定了辩题"表扬和批评，哪个对孩子更有效"。

辩论会这种活动形式对于小学的孩子还比较陌生，但是我们班的孩子们完全没有畏首畏尾。首先，孩子们通过各种渠道和方式了解了辩论会到底是什么，有哪些要求，有些什么环节和流程等。接着，孩子们从平日里的 4 人小组中推选辩论队员。很快 16 个小组推选出 16 名同学成为辩手，16 名小辩手又根据自己的观点自主选择辩论的观点。简单商讨后，辩手们又分出了正反方。在我的协助下，孩子们又分好场内场外各 4 名辩手……此外，孩子们还推选出了主持人、公证人、计分员、评委、特邀嘉宾等。虽然孩子们是第一次举办辩论会，但是他们的认真态度一点不亚于专业团队。

151 班首届辩论会就这样在孩子们的期待和准备下拉开了序幕。参加本次辩论的特邀嘉宾是我校的数学老师张老师和实习老师郭老师。刚开始，在小主持人的引领下，辩论会进展顺利，但当进入提问环节时，孩子们有些茫然不知所措，不会向对方提问，也不会就问题作答而后向对方提问。坐在评委席的我坐不住了，开始提示、引导。坐在嘉宾席的张老师也开始当起了参谋："打比方，举例子，就事实发话提问，可以举班级的实例论证、辩驳……"通过我们这些参谋的提醒，孩子们终于找到了辩论的感觉，正反方你来我往，辩论得不亦乐乎。从最初的不知怎样辩论到后来有理有据的唇枪舌剑，在辩论赛场上，每一个孩子都充分展现了积极的思维和勇敢的表达，他们的表现让在座的老师和家长惊叹连连、感动不已。在这场别开生面的辩论赛场上，每个孩子都真正地成为学习的主角，他们主动探索、主动学习，思辨与表达能力都得到了很好的锻炼，这简直就是孩子们学习旅途中一场别开生面的盛宴。这难道不是一次爱的彰显、一次智慧的跳跃？

151 班的孩子们不但在学习中通过实践活动不断进步，在生活中，我也鼓励他们尝试在母亲节等特殊节日，用自己的方式向家长表达爱。孩子们的纯净、真诚，无一不打动着每位家长。这不仅让家长感动，更让家长对自己的孩子信心满满，对我们的教育充满希望。这不正是我们附小人一直追求的教育目标吗？

我深爱着我的孩子们，希望他们既有仰望星空的情怀，又有脚踏实地的行动。我愿意深耕教育这片沃土，关注孩子们的习惯养成与学习成效；重视深研教学问题；引领语文学习不断创新。春雨润物细无声，芳华缤纷香满园，十年树木初心依旧，四季流转逐梦前行。爱与智慧在心间跳动，愿所有学生都能在爱的滋养下成为学习的主角，在未来成为国家的栋梁！

爱智为翼　助你高飞

郭嫦娟

2021 年 6 月的一个下午，我的手机不停地响，各种忆难忘、道再会的信息纷至沓来。正在被"毕业季"的离愁别绪裹挟的我，收到了这样一条消息——

"感谢郭老师 6 年来对嘉嘉的培养和关爱，6 年点滴历历在目，一步一印都浸润着您充满爱与智慧的教育。毕业礼结束后，孩子回到家一直在抽泣，说了好多舍不得您的话……真心感恩老师！"

一字一句皆是真情，不舍再见，感动盈怀。我回复道："孩子的成长是我们家校'爱智共育'的结果。相处 6 年，我也好舍不得他……"

时间拉回到 6 年前，嘉嘉刚入学的时候留给我的第一印象就是"慢"。说话慢，走路慢，写字也慢……"慢"皆因为"小"，他的生日是 8 月 31 日，也就是说，再晚一天出生，我们便没了做师生的缘分。6 年，"陪跑"这样一只"零起点""开悟迟"、凡事都"慢吞吞"的"小"蜗牛，我甘之如饴。

以爱为灯　点亮童心

"丁零零……"下课铃响了，嘉嘉的课堂作业又没写完，再次被我留下。送完路队，工作一天的疲惫和生疼的喉咙正激烈地考验着我的耐心。当我返回班里，看到空荡荡的教室里只留下他一个人，我径直走到他的身边刚想催促，却发现他满头大汗，一直不停地翻找橡皮，擦了写，写了擦。我忍不住问："明明没有写错，为什么要不停地改？""这个'人'字写得不好看……您讲过'一撇一捺要舒展'……""那火呢？""我的'火'字，笔顺没写对……您说的'先点后撇很方便，小小火苗记心间'。"真庆幸，我没有急躁地催促他。原来，在他"慢吞吞"的表象下，有一颗这么认真、严谨的心！这颗心，稍有不慎就可能会被我粗暴的态度给漠视掉。好险啊！

我一面打电话跟家长沟通，说明孩子需要晚接的原因，一面陪着他把剩余的课堂作业全部完成。临走时我对他说："明天一早，老师要在全班表扬你。"他惊讶地仰起脸："表扬我？"我笑着回答："表扬你对待作业的认真态度啊！应该让更多的同学明白做作业不是完成任务，而是为了巩固当天所学的知识。不过，完成作业既要好还得快，这是嘉嘉的下一个目标，好吗？"他瞬间挺起小胸脯，使劲点点头，高高兴兴地回家了。自那天以后，嘉嘉的作业质量从未打过折扣，书写速度也明显变快了。

以智为擎 助力成长

三年级时，学校一年一度的"蛇形跑"接力赛即将开始，体育课上选拔运动员，嘉嘉因为跑不快而落选。课后又遭到了同桌的嘲笑，他居然十分不理智地随手从沙坑里抓起两把沙子，扬到了同桌的脸上和身上。那个孩子哭着跑来告状，我请来了嘉嘉。他刚走到我面前还没站定，便一脸委屈地用手指着同桌辩解道："老师，他……就是他先……"我拍了拍他的后背安抚他，然后严肃地说："能不能先不说'他'，试着先以'我'字开头说说？"这时，嘉嘉收回手指，红了眼眶："我——跑得慢，但……尽力了。"我明白他有委屈，但还得要他认识到自己的问题。于是，我一手拉过那个同学，关切地说："老师也是妈妈，看到这头上、身上的沙土真心疼呀！还会担心眼睛里有没有进沙子。"嘉嘉猛地抬起头，不甘的神情后闪过一丝愧疚。看到我拿起湿巾，细心地帮那位同学擦拭，不善言辞的他也凑过来帮忙。刚才还水火不容的两个人，此刻相视一笑。双方互相道了歉，回到了座位上，还是好同桌。

事后，我嘱咐他要加强体育锻炼，以实力来赢得同学的认可，并推荐他读读《运动改造大脑》这本书。一个月后的"跳短绳"备赛中，嘉嘉刻苦练习，坚持每天打卡，从之前的一分钟跳 130 个进步到一分钟能跳 180 个，正式比赛时，他超水平发挥，竟以一分钟 191 个获得了全年级第二名的好成绩。当别人都在惊叹他突飞猛进的成绩堪称奇迹时，我却知道，哪里是什么奇迹，皆是嘉嘉的不肯放弃，亦是教育的智慧像竹子一样，拔节生长的结果。

所谓"爱智共育"，我想就是用"爱"去鼓励和等待，用"智慧"去唤醒和宽容吧。爱和智是一个人飞翔的双翼，只有兼具爱与智慧的人，才能收获幸福的人生。

我骄傲，我是山大附小的一名普通的语文教师兼班主任，工作 18 年来默默耕耘，以我爱智，育人爱智。在爱智共育的理念下，我想大声地告诉所有人——我们生而不同，必定与众不同！

爱有度　智随行　育得法

柴亚慧

　　细雨绵绵，打湿了半人高的冬青。古铜色的栅栏外，沿着人行道向南的方向，有一抹小小的身影，她的步伐并不稳健，甚至有些不协调地晃动，身后一位老者在不远不近的地方慢慢跟着。我骑着电动自行车载着孩子一路迎面走近，才看清小小的人儿腿上的绷带和那双沉重的鞋子，每走一步都在挪动。我慢慢收起满是疑惑的眼神，先送孩子去上幼儿园。我本以为，这只是大千生活中无意间的一幕场景而已。却不曾想，这竟是一段缘分的开始。

　　以后的日子，在我送孩子去幼儿园的路上，这个小小的身影无一例外都会出现在那古铜色的栅栏外，一次次的迎面相遇，眼神相随，擦肩而过，却不曾开口问询，只是轻轻点头微笑示意，像是相识多年的老友。春花飘落，夏雨滂沱，秋叶凋零，冬雪皑皑，季节不断变换，那个小小的身影慢慢脱去了稚嫩，步伐也更加坚定稳重。我原以为这就是一个面熟的路人，直到那年 9 月，那个洒满阳光的午后，一对年轻的家长带着满是担忧的脸庞出现在 227 班的教室，我才知道，时光在冥冥之中已经牵起我和那小小身影——乐乐的师生缘。我才知道，原来她从小运动神经受损，一直在坚持做康复训练，先是铁鞋训练矫正，再到独立行走。在我们沟通的过程中，孩子妈妈几度有些语塞，我却好似老友重逢，并没有一点担忧，随后帮她一一安排好入学相关事宜。

入学后，我惊奇地发现，这个有些特殊的小小身影是如此阳光自信，她的阳光自信也深深感染着我和班里的孩子们：用抖动的左手写字，坚定的眼神透露着不服输，课堂上举手回答问题，从不因为写字慢而哭鼻子，只是轻声告诉我："柴老师，我可以晚一会儿交作业吗？"我每次都温柔地回答："可以的，乐乐。"她的写字速度越来越快，写得越来越好，直到早早将作业本交到我手里。

为了方便乐乐进出，我特意将她的座位安排在靠近门口的位置。孩子们下课后扶着她上厕所，围着她大声聊天，我也有意表扬伸手帮助她的孩子。渐渐地，班里的孩子开始争先恐后地帮助她，课间操有人扶着她上下楼，上下学有人帮她拎书包，有人接力将她的作业本交到讲台上……班级氛围因此变得更加和谐融洽，时不时也会有人提醒她："乐乐，慢点。"再往后，她开始尝试自己下楼，扶着楼梯栏杆，一步一步地朝楼下走去，有些倾斜的身体让我在心里默默替她捏了一把汗。直到有一天她向我伸出胜利的手势，笑靥如花地看着我，周围早已掌声雷动。她小小的身体蕴藏着大大的能量，又一次刷新了我的教育认知，她让我深刻明白，原来放手让孩子自己尝试才是育人真谛。她更让我顿悟，爱与被爱，原来蕴藏着如此巨大的能量。

三年的师生缘，她带给了我太多的惊喜和震撼：课堂上尝试当堂背诵，她高高举起了手，一字不漏地熟练背诵，声音越来越洪亮；我常常忽略她的不方便，鼓励她做各种尝试；体育课鼓励她和大家一起做趣味游戏，做深蹲、跳远、跑步，运动会上的"毛毛虫"也开始一起协同作战，看到的老师都会对她竖起大拇指。尝试开始成为常态，坚持开始变得平常，鼓励成为育人之法。作为老师的我只是抓住了那稍纵即逝的宝贵瞬间，将这样的育人心得扩散蔓延至班里几十个天真无邪的孩子。每一个学生都有自己的闪光点，善于发现学生的闪光点，正确关爱，不吝鼓励，每一个学生都将精彩无限！

　　窗外晨曦微亮，我写下上面的文字，只是记录一段经历、一段往事，我也深信，这样的教育故事会一直持续。苏联教育家苏霍姆林斯基曾说："每个瞬间，你看到孩子，也就看到了自己，你教育孩子，也就是教育自己，并检验自己的人格。"作为山大附小教师队伍的普通一员，我深知自己肩上责任重大，将爱深植于心，创善意班风，育爱智少年，以敏锐之眼，探教法之理。以积极阳光的心态面对教育难题，充实爱智育人的实践之路。我，信心满满，动力无限！

"一只小刺猬"的故事

侯晓丽

每一个孩子的成长都是独一无二的，从懵懂的幼儿到睿智的少年，都要经历无数次的历练，这个过程离不开爱的浇灌、智的引领。作为一名青年教师，我始终铭记山大附小爱智教育的理念，以爱和智慧化解教育难题，用心和行动陪伴孩子成长。

工作伊始，我就遇到了这样一道难题：班里有个小朋友总是喜欢吐别人口水。开学没多久，班里的其他同学就成群结队地跑来告状，内容大多是表达被吐口水后的气恼和无奈。起初，我把这位小朋友叫到身边，问他的真实想法，他愤愤不平地指责是别人伤害他在先，吐口水是为了自卫。双方各执一词，难分对错。

刚开始，我秉承着公平公正的原则，每次都会心平气和地了解他们之间每一次小冲突的起因、经过和结果，最后通过摆事实、讲道理得以解决。过程大都是这个小朋友起初要跟大家玩耍，玩着玩着，因为发生口角矛盾，双方开始混战，于是他采用了"吐口水"的战术，其他人则另想办法。在大家口中，这位小朋友因这一不好的习惯，已成为众矢之的。细究起来，双方都有过错，如果非要搬一个罪名出来，恐怕难以令人信服。

后来，随着告他状的孩子越来越多，我也愈发不堪其扰。这个问题困扰我许久，怎样才能用教师的爱智慧地化解这一次次的纠纷呢？斟酌一段时间后，我选择了给孩子们讲个故事。

又一次的班会课到了，我打开教室的投影仪，大屏幕上赫然出现了一只可爱的小刺猬。大家顿时来劲儿了。我先请同学们介绍自己了解的小刺猬，大家热情高涨，有同学说："小刺猬长得很可爱，性格也很温顺，在很多地方人们还把它当作宠物来养呢！"紧接着，有同学补充道："小刺猬全身除了肚子外，其他地方都长着硬刺。"此时我相机发问："小刺猬的刺有什么作用呢？"有同学立刻回复："这些硬刺是用来自卫的，当小刺猬遇到危险时就会立刻卷成一团，变成有刺的球。"借着这位同学的发言，我讲起了"小刺猬"的故事。

"孩子们，你们知道吗？小刺猬之所以会长硬刺，是为了保护自己不受伤害。当有危险来临时，它只能被迫蜷缩成一团，以最坚硬的外表示人，以求安全。我们班的小豆同学就像这只小刺猬一样，他本想跟大家愉快地玩耍，却因为一些小矛盾和大家发生了冲突。面对他人可能对他造成的伤害，为了自保，情急之下他才选择了'吐口水'作为自己的刺。"讲到这里，同学们一双双晶亮的眼睛盯着我，又看向了小小的他。此时，我请同学们谈谈自己对这一行为的看法。有同学说："小豆之所以吐口水，是因为对方做出了可能伤害他的举动，他像小刺猬一样，是为了保护自己。"大家纷纷点点头。也有同学主动道歉："小豆，对不起。我现在才知道你之前吐口水，是因为害怕，我向你道歉。"

我正为自己的这一做法暗自得意、倍感欣慰时，不料，又有同学反驳了："小豆平时喜欢故意朝我吐口水，可我也没有做错什么。""是的，我也被他吐过。"马上又有几个同学附和道。这位同学说出了一部分孩子的心声，原来除了自卫，为了参与到小朋友们的游戏中，小豆也选择了"吐口水"的社交方式主动去"招惹"别人。

于是，我灵机一动，继续讲起了这只"小刺猬"的故事："大自然的小刺猬长刺是生物进化规律，我们无法改变。但面对小豆同学的'刺'，我们能不能给他一些更好的改进意见呢？"有同学马上说："小豆，下次你想加入我们，可以跟我们好好说，我们欢迎你。""如果你受到了伤害，你可以立刻跑去告诉老师，让老师帮你解决。"此时的小豆同学，眼睛发亮，连连点头。

打那以后，关于小豆，告他状的孩子越来越少了。我想，在孩子们心中，一定都有了那只小刺猬的身影。因为，在小刺猬的背后，是一颗理解他人、包容他人的心。这堂课，至今令我记忆犹新，带给我诸多启迪。

莎士比亚说："人生如花，而爱便是花的蜜。"我们的教育，更要以爱为基石，用爱唤醒孩子的心灵。以智育爱，爱而有术，方能构筑教育之塔，点亮爱智人生。

点亮心灵，温暖呼唤

宋佳佳

研究生毕业之后，因为喜欢孩子，我选择了教师这个职业。在执教生涯的第五个年头，我有幸成为山大附小的一名体育教师。山大附小是省直属的小学，是太原市有名的重点小学，浸润在百年学府山西大学的精神文化中，有着深厚的文化底蕴和优质的教育资源。当得知自己面试通过时，我的内心又激动又期待。

开学的第一节体育课是室内课，我先让学生了解这一学期的教学内容以及安全注意事项。但作为孩子们的新任体育老师，我特别想趁这个机会和大家好好认识和交流一下，于是便在课堂内容结束之后，选择以点名的方式让孩子们介绍自己，并说出自己所喜欢的运动或者喜欢的体育明星。孩子们一个个积极主动回答问题，讨论也络绎不绝。就在这时，一名女生站起来，眼神躲闪，小心地看着其他地方，一声不吭。我立马注意到这个孩子，于是走到她身边小声问道："孩子，你最喜欢什么体育运动呢？没关系，有的话就大声说出来。"只见这个女生身体微微移动了一下，局促不安地看向其他地方。前面一位学生小声告诉我："宋老师，她不会回答你的问题的，她从来不和我们说话。"我立马想到：这个孩子估计是性格内向或者不善于表达，不能强求，便轻轻拍了拍她的肩膀示意她坐下。之后的课堂中我们做了小游戏，但我时不时地会注意这个孩子，观察到这个孩子在我讲话时是看着我的，但我一看她时，她的小眼神儿立马就逃避了，神情中流露着不安，但是我所说的要求她都在听，游戏也在做，就是不说话，只是默默地坐着。

由于体育课的特殊性，需要了解每一位学生，尤其是特异体质或是有特殊情况的学生。为了保证课堂的教学质量，在课后我与班主任老师进行了沟通，在了解了这个孩子的情况后，才知道她患有自闭症，胆子小、性格内向、孤僻敏感，而且不能过于关注，否则会加剧她的紧张。于是，我查阅了相关资料，了解了一下这类型孩子的性格特点，以便于体育教学的顺利开展。

通过几节课的观察，我注意到这个孩子不主动发起社交，对于别人的主动社交虽不排斥，但也不做任何回应。渐渐地，我发现这个孩子在室外课中，只是站在那里，一动不动，对老师的指令不做回应。通过她的眼神，我明显感受到她对于外界的恐惧，于是我也不强求她，避免让她单独完成教学任务，尽可能不让这个孩子感受到过多的关注。

一节体育课上，在课堂的最后几分钟，我让大家自由活动，看到她呆呆地站在那里，默不作声，也不参与活动，我顿时恍然大悟，自己不该这样让大家自由活动，对于自闭症的孩子来说，应该是恐惧社交的。自由活动对她来说，会让她变得更加胆怯、退缩。于是，我走了过去，双手搭在她的肩膀上，并吹了哨，将大家集合起来一起做游戏。我清楚地记得我们玩的是"火车钻山洞"，本以为她会在旁边看，没想到她居然搭肩了，并和前后同学共同完成了游戏动作。我很惊喜，在她经过我身边的时候，我朝她竖起了大拇指，她看到后小眼神儿立马又躲闪了，但我知道她肯定看到了我给予她的鼓励，我很欣慰。

一段时间过去后，我感觉她似乎接纳了我，在我的课堂上她不但可以顺利完成教学动作，对于我的指令也十分配合。她的表现令我悬着的心也落了下来，这也充分说明她对于上课并不排斥，也乐于接受，这样坚持下去，她的自闭症就会有所改善，而且我相信一定会越来越好！

几节体育课后，有一次班主任老师在放学时看到了她，惊讶地对我说："宋老师，咱们班这个孩子从来只是站着，现在居然活动起来了，真不错！"说着，急忙掏出手机给孩子的家长拍了起来。我听后非常动容，让我更加坚信自己可以感化她，让她运动起来！

在之后的课堂中，每次我都会给予她夸赞，一个肯定的眼神、一个加油的手势、一个轻拍肩膀的动作，她似乎在逐渐坦然接受。

今年是我们相处的第三年，她在我的健美操社团中，动作虽然谈不上出众，但是她在认真学，并且和大家一起跳跃，一起挥洒汗水。这就是她对自己的突破，她在奋力进步和成长……

总有一种温暖，让我们感动；总有一种力量，伴我们前行。来山大附小的三年中，我感受最多的是每一位附小人对孩子们的付出。往后余生，我将一如既往蹲下身来，做孩子们的大朋友，把爱种进学生的心田，和孩子们一起收获爱的成果，用爱智点亮人生！

送你"一匹出色的马"

刘　琳

傍晚的天空，太阳渐渐落了下来，一片片红霞层层叠叠晕染开来，一寸寸铺展在石板路上，闪耀着星星点点的光。

我们一家三口在小区里悠闲地散着步，女儿一路蹦蹦跳跳地跑在前面，我俩慢慢悠悠地跟在后面。突然她加快速度，跑到一棵柳树下停了下来，随手捡起一根柳条，骄傲地朝着我挥了挥手，高兴地喊着："妈妈，你看，这不是'一匹出色的马'吗？"随即便抬腿上"马"，高兴地向前奔去。

"这是……'一匹马'？"孩子爸爸疑惑地问。我笑着给他解释：这匹"出色的马"来自我教过的一篇课文。这篇课文讲的是一家四口春日郊游，回家途中，"妹妹"求抱被拒，最终在父亲的引导下，得到了"一匹出色的马"快乐回家的故事。他们之间的互动在我们的生活中也常常遇到，不同的是，故事中的"爸爸"用一根又细又长的柳枝，巧妙化解了"妹妹"遇到的困难。他是一位深爱孩子的父亲，对女儿的喜好了如指掌，充满童心亦呵护童真，他的爱，是一份智慧的爱；文中的"妈妈"在拒绝孩子时，语气是轻柔的，理由是充分的，在培养孩子同理心的同时，也在鼓励她自立，她的爱，是一份理性的爱；文中的"哥哥"，全程没有参与对话，故事是从他的视角来观察发生的一切，作为一个小哥哥，他没有求抱，也没有帮着妹妹求父母，此时无声胜有声，他的爱，是一份榜样的爱。这是一个多么温馨有爱的家庭啊！彼此之间有求必应，这里的"应"，不是一味照办，而是充满智慧的引导。别样的惊喜，散发着生活的芬芳，读起来让人心生美好。

这是我特别喜欢，也特别有感触的一篇课文。更重要的是，它是我把"爱智育人"理念真正融入教学的起点。当"智"与"爱"携手同行，育人就变得理性而有温情；当"爱"成为"智爱"，"智"成为"爱智"，"爱"与"智"便鲜活饱满起来。

于我而言，爱智、明理还有八字校训不再只是挂在墙上的标语，它们是文化，是理念，更是路径。"明理思进，点亮爱智人生"也不单单意味着以我爱智，育人爱智，更多的时候是以人爱智，充盈我爱智。在教学或者管理班级时，我更愿意去思考，努力探寻一种让孩子们更易于接受的方式来解决问题。之前班里的两个男孩子经常因为日常琐事起纠纷甚至打架，多次调解后仍无好转。后来我想到，不论怎么劝解，他们的关注点总是放在对方做错的地方，单纯调解无法解开两个孩子的心结。于是我让他们每天给对方递一张"爱"的小纸条，上面要写出对方的一个优点："你上课回答问题真精彩""你的书写进步很大""你帮老师擦黑板很干净""你读课文真好听"……如果对方确实做到了，我就会在课堂上及时表扬。每当他们打开纸条，眼里绽放出的光芒，脸上露出的笑容都让我格外感动。现在他们已经是形影不离的好朋友了，之前的剑拔弩张不见了，两个人开始向着对方的优点学习，共同进步。只是思路的转变，带来的结果是我意想不到的。我想这就是爱的力量，让人变得宽容柔软，在接纳别人不完美的同时学会欣赏他人。

我来山大附小后带的第一届班里有一个小男孩，他妈妈因为工作原因要出国进修一年。这个孩子性格内敛，不爱表达，遇到压力或者困难时，不会解压，常常喜欢尖叫，不理解的孩子会觉得这种行为很讨厌，所以他的朋友也不多。孩子的妈妈出国后非常担心他，常常和我沟通孩子的在校表现。虽然表面上看不出孩子有明显的情绪起伏，但我想突然面临这样的分离，不哭不闹正常玩耍的状态反倒让人有些担心。考虑到他需要"妈妈式"的关心，我和他约定好，如果每天上课专心听讲，认真完成课堂作业，放学时我会特别奖励他一个"爱的抱抱"。

当天下午，我正准备送值日生，突然发现孩子的姥爷带着他站在门口，他怯怯地躲在姥爷身后，并不说话，眼睛直直地看着我。孩子姥爷不好意思地问我："老师，孩子也不说什么原因，非要回学校找老师，是他在学校淘气了吗？"我猛地想起早上和孩子说过的承诺，内心一阵愧疚，主动拉过他的手说："你今天表现特别好，老师奖励你一个'爱的抱抱'吧！"那甚至算不得一个正式的拥抱，孩子很害羞，身体有些僵硬，手臂都没有张开，只是微微地往我身上靠过来，就快速跑开了。

晚上我收到孩子姥姥的微信，说一向不爱洗头的小家伙，知道老师爱干净，竟然主动要求洗头。看到这样的微信，我的眼泪一下子就掉了下来，心疼这个懂事的小家伙，原本是付出爱的我，最后收获了更多的爱。就这样，每天一个简单的拥抱，成了他和我的必修课，这份暖意仿佛给了他"一匹出色的马"，我明显感觉到孩子的状态好了起来。这个拥抱治愈的不仅仅是他，更是我。

爱有魔力，可以幻化万物，我想以爱之名送给我的孩子们各式各样如这般"出色的马"。

爱智如光，点亮人生。纵使平凡如你我，我坚信只要心底繁星闪烁，一旦微光汇聚星河，就能始于平凡，终于不平凡！

附小缘　附小情

王宇虹

1963 年，父亲出生了，也就在那年，山西大学附属子弟小学（山大附小）成立了。

1969 年 9 月，父亲斜背着绿军挎，背着石板和石笔，迈着欢快的步伐踏入了山大附小的校门，在空旷的教室里开启了他的小学生活。那时的校舍在山大北面的主楼上，明亮宽敞的教室里坐着 40 多个孩子，每天的早读都有着清晰嘹亮的回声。父亲说，当时他们那些孩子都特别渴望读书，渴望知识，在知识的海洋中跟着老师的指引尽情徜徉。父亲时常回忆那时的点滴，透过教室的窗户，他可以看到山大校园里的毛主席塑像，心中无比感恩毛主席，感恩党带给他们的幸福生活。

父亲课间的生活也充满了年代感，弹玻璃球、用报纸叠元宝等。最让他自豪的是学雷锋。1963 年，毛主席在《人民日报》发表题词"向雷锋同志学习"。从那之后，全国各地都兴起了规模宏大的学雷锋活动。父亲是伴着学雷锋活动成长起来的一代人。时至今日，父亲每每忆及他课间拿着爷爷的小斧子、小锤子挨着教室学雷锋修桌椅的光辉历史，脸上还是会挂着孩子般自豪的笑容。

1993 年 9 月，我背着心爱的红色小书包，哼着歌，脚步轻盈地踏进了山大附小。那时的山大附小已经有了自己独立的校舍。印象中三排整齐的平房就是我们的教室，中间一块宽敞的黄土地便是我们的操场。虽然那时沙尘肆虐，一年有好几个月都是黄沙漫天，但那丝毫不会影响我们的热情。就是在那片黄土地上，我们奔跑、嬉戏、打沙包、跳皮筋，玩儿得不亦乐乎。

1995 年 9 月，山大附小新校园建成了，我成了踏入新附小的第一批学生。那年，我三年级。山大附小从低矮的平房变成三层高的楼房，从破旧的"田"字窗户到明亮的玻璃窗，从坑洼的黄土地操场变成平整的水泥地操场，我们的心里简直乐开了花。至今我都记得当时我们在新教室里跑东跑西、左看右看的激动劲儿，就像得到了一件盼望已久的礼物。在那里，从诗词歌赋到奥数运算，从 A、B、C 到 do、re、mi，我们涵养精神，强健体魄，尽情吸收知识，快乐成长。

2021 年 9 月，儿子背着充满科技感的小书包，迈着雀跃的步伐也踏入了这所姥爷和妈妈都待过的"神秘学校"。时值山大附小扩建，在原来明理楼的基础上又扩建了爱智楼。儿子的一年级生活经历了从司法校区到主校的变迁，他也有幸见证了山大附小的又一次成长。与姥爷和妈妈那时相比，学校不仅规模更大、设施更全，他的小学生活也更加丰富多彩：古诗词朗诵比赛，口算视算比赛，主题中队会应有尽有；各类社团，趣味运动会，阳光大课间一应俱全。孩子们不仅可以广泛涉猎各种知识，还可以尽情培养自己的兴趣爱好，真是幸福的一代啊！

现如今，我回到母校教书也已整整 10 个年头。我是山大附小的学生、山大附小的家长，也是山大附小的老师。这是多么美妙的缘分，又是一件何其幸运的事儿！我们一家三代也有幸见证了山大附小一路走来的成长，"附小"这个词，已然注入了我们的血脉，植入了我们的灵魂，成为我们生命中的一部分！

今年是 2023 年，母校也即将迎来 60 周年校庆。在这特殊的日子里，我心怀无限祝福与感恩，祝福母校生日快乐！诚愿母校越来越好！

从"会爱"到"慧爱"

张慧远

当我坐在桌前写下这个题目的时候，脑海中回顾了自己入职以来的很多画面。心理学上说，"爱是一个个发生着积极共鸣的微小瞬间"。我喜欢每天清晨在校门口与孩子们打招呼，喜欢孩子们喊着"张老师"，热切朝我奔来的样子，也喜欢他们睁着亮晶晶的眼睛，扬起小脑袋抿嘴朝我笑的样子。我想这些瞬间都说明，我热爱教师这一职业。

然而，现实并不总是像描述中的这样一片祥和，只凭一份单纯的热爱，并不能真正成就出色的课堂。班上有这样一个小朋友，曾经让我非常头疼，他总是在课堂上不停地制造混乱——说话、坐立不安、串座位，甚至向别的同学扔橡皮、拿着铅笔追着同学跑……告他状的声音此起彼伏。我想让他的行为变好，也想让课堂更有秩序，有时太过着急，就会不自觉地提高嗓音，结果课堂气氛越来越紧张……在我近乎歇斯底里的发作之后，只剩下干哑的嗓子、精疲力竭的身体和无法挽回的尊严。

曾经那个在课堂上对他大喊大叫的我，也无非是想督促他变好。我是爱学生的，但所做的一切都只是凭一份"我是为了你好"的朴素愿望，效果甚微，还陷入了一种"暴躁"的恶性循环里。显然，那时的我还"不会"爱。后来，当我有机会观摩名师课堂时，发现他们从来不会大喊大叫，不会以一种咄咄逼人的语气告诉学生哪里有错，他们不会失去对学生们的尊重，但课堂的一切状况又尽在掌握之中。

于是，我暗下决心，要从一名仅仅有朴素爱心的年轻教师，成长为一名像这些前辈一样"慧爱"的教师。

我开始学习温和而坚定地去"爱"这位小朋友。为了融洽师生感情，我在课下主动与他接近，跟他聊天、拉家常。我还有意安排他为老师做一些事情，如到办公室取书，帮老师拿东西，给老师做教具，等等。一次，花姐见这个孩子和我进了办公室，给了我几颗花生，我便顺势分给了他，他很开心。那次之后我也尝到了这方面的甜头，看他表现好时会给他我的润喉糖吃。为了及时掌握他的学习情况，我几乎每天都当面批改他的作业，及时纠正差错。有时候作业来不及面批，我就写个纸条夹在他的作业本里。时间长了，他慢慢觉得老师处处想着他、重视他。

有了感情基础之后，我对他的教育似乎才有了一些效果。因为喜欢老师，他开始有意识地注意自己的课堂行为了。当然，他有时仍然会违反纪律。我学习前辈，按照制定的奖惩措施严格执行，执行过程中时刻提醒自己保持态度平和。而每当看见他有所进步时，我都会公开表扬加鼓励："你看，如果你一直表现很好，你也会觉得很高兴，所以下节课你还能像这节课一样表现出色，对吗？"精诚所至，金石为开。渐渐地，他对学习产生了兴趣，不仅不上课打闹了，还爱回答问题了。家长看见自己孩子的进步后，也非常感激。原来，以爱为底色，平等友善地对待学生，制订合理的计划，一步步实施，孩子就会越来越好。

到今天，这个孩子有时还会调皮捣蛋，控制不住自己的行为，我也依旧在与他的这些不良行为做斗争。但在这个过程中，我丝毫不会怀疑他对我的信任：他在校园里遇见我时，会跑过来紧紧地抱住我；会关心我的嗓子，会帮我维持班级秩序；会趁我在隔壁班上课的时候，给我送水杯；也会趴在窗子外笑着喊我，跟我打招呼……让我印象最深刻的是，一天在去上班的路上，我走在人行道上，远远地看见了孩子坐在爷爷的自行车后座上，隔着宽宽的路，孩子旁若无人地大声喊"张老师"，我笑着回应。过了好一会儿，等我走到校门口时，发现这个孩子居然还没有进学校，一直在校门口张望着，看到我就朝我奔来。孩子的爷爷后来和我说，他们爷俩早就到校门口了，但是孩子倔强地要等我一起进学校。

那天我牵起他的小手，迎着朝阳一起走进校园。我知道，从我张开双臂拥抱他的那一刻起，他就开始努力改变。从他的眼神里，我看到了信任。这种信任来之不易，因为他曾经被拒绝、被责难、被冷落。

也许，每个班都会有几个这样的孩子。他们好像一只只疲惫不堪、满身污浊的小鸟，总是漫无目的地朝我们挥动翅膀：似乎对周围所有的人和事都怀有敌意，又似乎对什么都不在乎……当他们让我们觉得头疼时，是因为我们的眼里只有他们的缺点，缺点不是不能看，而是应该把它当作发展的起点。孩子们犯错误时，他们迫切希望得到的是理解和帮助，而绝不是粗暴的批评和惩罚。

"慧爱"是一种艺术。我们必须先平等而友善地走近他们、了解他们、然后才能帮助他们重新飞上湛蓝的天空。

教育，渡人也是渡己

武翠红

时光荏苒，步履不辍。转眼之间，我加入山大附小这个大家庭已经两年了。这两年的时光仿佛就在眼前，孩子们带给了我款款深情、幕幕感动，当然也少不了调皮捣蛋、鸡飞狗跳。在面对孩子们的时候，我总是以"兵来将挡，水来土掩"的气势去"对付"他们，还好，我们已经和谐地度过了两年的美好时光。在这期间，我始终铭记马校长跟我们提到的"我们老师对孩子们的爱，要变成一种有智慧的爱，也就是智爱"。这些"智爱"的点点滴滴就像银河中的恒星一样，在我的记忆中闪光。

在实践中磨砺成长

批评是一种教育手段，宽容也是一种教育手段。当一个老师接手一个新班级时，大概最先记住的就是那些"活力四射"的孩子吧。我的班上就有这样一位非常可爱的男孩，开学第一个月，我就和他进行了较量，但不幸的是每次我都被他弄得心力交瘁。课上他总是按捺不住自己的心，手上也不闲着，我温和地提醒了几次，毫无效果。课下他放飞自我，穿梭于座位之间，滚爬于地面之上，惹下不少事端。终于，我忍不住言辞犀利地批评了他。但是第二天，那个男孩看到我依旧笑容满面地向我问好，多么纯真的孩子啊！即使被老师当众批评了，也能够很快忘记，记住的都是老师的好，换作我们自己，能做到吗？肯定很难，然而小小的他们就是这么单纯，老师那么严苛，可是他们却依然尊敬老师！于是，面对他们，我多了些包容。正如一位教育家所说的那样：爱学生则意味着怀着一种责任，把欣赏与期待投向每一个学生，包括善待这类学生的缺点，包括宽容他们对教师的"大不敬"！

耐心播种静待花开

十年树木，百年树人。教育学生不是一朝一夕的事，而是一项长期的工作，这就需要老师有足够的耐心，在平时的工作中细心观察，发现学生的问题，坦诚地和他们交流沟通，这是学生所能够接受的。刚接上新的班级时，班里有一位男孩子总被班上其他同学告状，在我的数学课上，也经常扰乱课堂纪律。每次我试着去和他沟通交流时，他总是对我"闭"而不谈，无论我是用关爱的语气，还是严厉的语气，仿佛都触及不到他的内心深处。但是我仍不放弃，课余时间继续有意无意地找他闲谈，拉近师生距离；课上发现他有所进步便及时表扬，让他体会到进步带来的成就感；他的行为有不妥处，我也婉言指出，耐心教导。不经意中，他逐渐自律起来了。他的转变让我认识到激励作用之大、情感力量之威。只要对学生付出爱，就会有所收获。只要有爱的滋润，就会有奇迹出现！教育路漫漫，今后会有各种各样的问题，也会遇到形形色色的学生，但是我们要记住"不忘初心，方得始终"。

师爱照亮生命之光

和孩子们接触一段时间后，我发现班上有个女孩子学习很吃力，跟不上大家。在课堂上，我仔细观察她，及时关注她的状态，多次请她回答问题，课后我也经常给她耐心辅导。一开始她很害怕和自卑，我让她大声说出自己的想法，不要在意对与错，这里不会有人批评你，经过这样鼓励，她慢慢地树立了自信。现在她一有不懂的知识点，就会主动到办公室问我，主动要求进行巩固练习，直到弄懂才会离开。我成了她最信赖、最喜欢的数学老师。"亲其师，信其道。"我愿意用我的工作热情来感染孩子，用我的一言一行给孩子们做榜样。

三尺讲台，道不尽酸甜苦辣；二尺黑板，写不完人生风景。德国哲学家雅斯贝尔斯说过，教育就是一棵树摇动另一棵树，一朵云推动另一朵云，一个灵魂唤醒另一个灵魂。作为山大附小的一名教师，在教育这条追梦路上，我将以传道之"爱智"、育生之"爱智"，精心培育祖国之花朵，希望我们山大附小的每位学子在"爱智教育"的浸润中都能收获属于自己的"爱智"人生。

爱，化青色为浓郁

王小慧

每一个孩子都是一部作品，要想得到一件精品，我们需要付出爱与智慧。

什么是"爱智教育"？我认为爱智教育就是在"对孩子无条件爱的基础上，加入自己的智慧，我们要智慧地去爱。"教育具有长期性、反复性，不是一蹴而就的。爱的同时，我们还肩负着教育的责任，帮助孩子改掉坏毛病，养成好习惯……那如何让孩子们乐于接受我们的教育呢？当孩子犯错的时候，我们能够春风化雨般，在他没有察觉的时候就已经完成了对他的教育，这就是"爱智教育"。对孩子的教育，不能急于求成，应静待花开，就是"爱智教育"。

教育孩子犹如精耕细作的农业，播种和收获是不在一个季节里的。让孩子们在爱的滋养中慢慢成长，直到有一天枝繁叶茂、蓬勃而浓郁。

我曾经遇到过这样一个孩子。一年级入学一个月，他哭了一个月。不管老师家长用什么样的方法，孩子就是不愿意来校上学。每次请假的理由都五花八门，频率最高的借口是——肚疼。他的爸爸妈妈因此带着他走访了很多医院，后来才明白，"肚疼"其实并不存在。

孩子妈妈告诉我，他们夫妻俩已经拿孩子没有办法了。每次孩子不愿意进学校，她就陪着孩子在学校外围着栅栏走，走了一圈又一圈。即使好不容易进了学校大门，不是在操场上绕圈，就是坐在教室前面的台子上晒太阳。可怜天下父母心，孩子的爸爸妈妈不愿采取强硬措施，他们更愿意看到孩子开开心心地来上学。

那该怎么办呢？教育是个良心活儿，我不能听之任之，必须因材施教、对症下药。可是，对这个连学校校门都不愿意进的孩子，我该开什么样的"药"呢？于是，我找孩子的父母详细了解情况之后才得知，孩子之前是在英国上的幼儿园，回国以后不太适应这里的环境与节奏。或许他更喜欢跟妈妈待在一起，妈妈在他就感觉到安全。他比较抵触新的环境，需要更长的时间来适应。之后，我就开始了我的"润物细无声"计划。

记得那是国庆节放假前的最后一天，他妈妈把他送到学校，他依旧在校门口徘徊，一直不愿进学校。门房师傅给我打了电话。一听是他来了，我连忙放下手头的工作，快步走到校门口。孩子一见到我，一下子缩回到妈妈的怀里。妈妈搂着他，面露难色地对我说："王老师，真不好意思，孩子还是不愿进去，想请假。"

"孩子，今天你要请假吗？"我蹲下来把手放在孩子的肩膀上，笑眯眯地对他说，"王老师想听你亲口对我说一遍。"

他眨了眨眼睛，转头又看了看自己的妈妈，开口道："王老师，我今天想请假。"

我说："没问题。"我真的没有强求他进教室。顺着他的意思，我又说："孩子，请假可以。我们俩一起来算一算，开学到现在一个月左右的时间，你在学校度过了几天？"

孩子低下了头，不说话了。

"咱们一起算，9 月 7 日上午你在学校上了一节课，9 月 9 日你在学校上了一节课……"我一字一字慢慢道来，"开学第一个月，你坐在教室里听我讲课，只有半天的时间。"

他把头低得更厉害了。

"王老师希望你能像其他同学一样坐在教室里听我讲课,你愿意吗?"

他慢慢地抬起头,望着我。

我接着说:"国庆节以后你会来上课吗?国庆节后第一周的五天时间,你准备在学校里度过几天呢?"他嘟嘟囔囔地说:"两天,不对,是一天。"

"好,咱们一言为定,周一是一周的开始,我们就约定为周一吧。"

国庆节后的第一周星期一,孩子真的在教室里待了一整天,上课认真、发言积极。抓住这一契机,我对他进行了大力表扬:当着孩子妈妈的面表扬;当着同学们的面表扬;当着其他老师的面表扬,还提醒其他同学带着他一起做游戏。

那天临近放学时,我把孩子叫到身边,先是对其当天的表现再次给予肯定,孩子的高兴溢于言表。于是我趁热打铁,问道:"第一周,你待了一天。第二周,我们努力待两天,好不好?"孩子没有说话,只是抬起头望着我。我轻轻抓起孩子的手,看着他的眼睛,对他说:"孩子,王老师相信你能做到。咱们试一试,好吗?"

孩子用力地点了点头。

在此期间,我也和其他科任老师及时沟通,希望他们能在自己的课堂上给予这个孩子较多的机会,以便帮助他更快地融入集体。另外,对于孩子的书面作业我也比较宽容,他能写多少写多少。

第二周星期二下午放学时,孩子主动来找我:"老师,第三周我能在学校待三天。"我喜出望外,对着孩子不住地点头:"孩子,王老师相信你。"

经过我的不懈努力,孩子的心中种下了一粒种子,种下了来山大附小上学是快乐的这样一粒种子。他感受到了山大附小的校园里不仅有很多爱他的老师,还有一群愿意和他一起玩的小伙伴。

功夫不负有心人,经过这样循序渐进,用了一个多月的时间,这个孩子基本上可以正常上下学了。尽管偶尔他还会以"肚疼"为由请假，我也只是会心一笑，谁还没有想要偷懒的时候。

直到现在，每每和这个孩子的家长碰面，他们总会主动上前和我打招呼，还经常说起孩子刚上一年级的时候，王老师如何如何……

也许这就是老师收到的最好的礼物。

每一种花的花期不同，我坚信静待花开终有时。每一个孩子的特点不同、个性不同，然而，在山大附小的爱智教育下，他们一定都能"化青色为浓郁"，开出属于自己的——最好的花。

赛场的终点，不只是输赢

王艳艳

胜利不会像蒲公英一样唾手可得，但赛场的终点，不只是输赢，还有超越和成长、关爱和被爱，这些都是人生旅途中历久弥新的收获。一场比赛，真正引以为傲的是面对困难不放弃的勇气，在荆棘丛中绽放的魅力。

——题记

激昂的呐喊声此起彼伏，整个操场热血沸腾；

蓝色的身影穿梭于彩旗之间，让人心潮澎湃；

午后的阳光照耀着附小人，映出张张兴奋的小脸。

这就是山大附小的操场，依旧人潮涌动，却更胜往日。此刻的操场上正在进行着 40×50m 的蛇形跑接力赛。所有班级苦练数日，胜败皆在今朝。

场上赛事十分胶着，这场五个班的差距并不是很大，任何一个班落后，都会为别的班创造机会。但是，意外就这样来了，我们班掉球了。

可能是过于紧张，也可能是太着急跑完，我们班的一个小女孩拿着实心球冲过了接力线，却忘记交接球，直接冲到了队伍的后方。一瞬间，大家都蒙了，那一刻时间似乎凝固了。小女孩不知所措，"哇"得大哭起来。就在旁边的我，急忙跑过去拿起球给了下一个队员，然后紧紧抱着她，告诉她："没关系，宝贝，你跑得非常好。"同学们纷纷安慰，赛场也有温情，她的哭声渐渐止歇。

古人云：福无双至，祸不单行。赛场状况接二连三。我们班连连掉球，和其他班的差距很快从不到四分之一上升为二分之一。孩子们的表情愈发凝重了。场外的啦啦队卖力地挥舞着手中的牌子，仿佛想通过这声嘶力竭的呐喊传递力量。没有上场的选手们互相打气，"咱们一定得加油，咱们还有机会。"

场上孩子们奋力拼搏，场外啦啦队加油呐喊，家长朋友极力配合，再加上我们连续半个多月的刻苦练习，仿佛一切都符合成功的条件，但成功怎么会像蒲公英一样唾手可得、漫天飞舞呢？看着即使在最后一名都还奋力奔跑的小泽泽，他飞扬的发梢，通红的小脸，以及咬牙切齿的神情，在那一刻，我竟然觉得有些悲壮。

我们班输了，而且是以倒数第一名的结果为这场比赛画上了一个让我们班所有人都难以想象、难以接受的符号——"?!"。

小晏宁冲过来，抱着我的腰号啕大哭了起来。阿辰也在那里红了眼眶，咧开了嘴。我，也睁大眼睛看向了别处……

回到教室，班里不用再像往常一样强调"安静"，整个教室被悲伤弥漫着。不！不只是悲伤，更多的是一种不甘心，是一种难以置信。

沉默，是此刻的 224 班。

这时，隔壁班传来了欢呼庆祝的声音，他们一如既往是冠军。

"为什么永远是别人在庆祝，难道我们只配拥有失败吗？"强烈的不甘裹在眼泪里夺眶而出，班里抽抽搭搭的声音也骤然间变成了悲歌。一张张小脸挂满了晶莹的泪珠，有的还涨得通红；几个调皮的小伙子倔强地抹着眼眶，不肯落泪；本就稳重的小葛也出神地盯着桌脚；一向乐呵呵的温温也低头不语……

沉默，是此刻的 224 班。

"老师——"一声怯怯的询问响起,"是不是我反超的那个也白费了?"我还没来得及反应,几个男孩就拍着桌子:"不光是你,我们都白练了!""早知道就不练了,反正也是倒数第一。"他们消沉而低迷,心中无处发泄的情绪在莽撞地寻找着出口。

"不是!"我果断打断了孩子们沮丧的抱怨。我坚定地指着黑板上那鲜红的八个大字"崇实、乐学、明理、思进",说:"孩子们,这是我们附小的校训,什么叫明理思进?它告诉我们,只要是比赛就有输赢,冠军就一个,胜固欣然,败亦从容。总结经验,积极进取,下回再战。不能让失败烙在 224 班的身上,这才是比赛的意义。"

"对,我们不服气,下次再战,谁怕谁?"班里终于沸腾起来。

"人生如逆旅,我亦是行人"的豁达;"宝剑锋从磨砺出,梅花香自苦寒来"的思进;"更喜岷山千里雪,三军过后尽开颜"的希望……孩子们的眼睛因为湿润而更加亮晶晶的。

"明理、思进"的校训在这一刻再次指引了我们所有人前行的方向,铸入我们的灵魂——"明理、思进"才应该是人生的主旋律。"Reaching out to pick the stars, even if you get nothing, it won't be covered in dirt.(伸手摘星辰,即使一无所获,也不至于满手泥土。)"

斗志昂扬,是此刻的 224 班。

夜晚,星星还在眨眼,手机叮咚响起,看罢,再次湿润眼眶,但却满是感动。224 班的昂扬斗志,已经走出教室,走向了 56 个家庭。

胜利不会像蒲公英一样唾手可得,而赛场的终点,不只是输赢。超越和成长、关爱和被爱,都是人生旅途中历久弥新的收获。一场比赛,真正引以为傲的是面对困难不放弃的勇气,在荆棘丛中绽放的魅力。进取的精神,深深注入 224 班的每一个人心里。

224 班的每一个人,老师、学生、家长,我们经历了失败,我们会倍加珍惜，它会让我们知道下一次前行的方向。我们不怕失败，因为我们一直在前行的路上。

一场比赛，每一个 224 班人，都有所收获。

"明理"铸就了山大附小的品格。

"思进"铸就了一代代附小人积极进取的意志。

明理附小，思进附小，爱智人生，由此点亮。

梦

苏美玲

梦，是个令人迷醉的字眼；爱，是滋养它的源泉……

启 梦

1997 年，一个黑黑瘦瘦的小女孩儿踏入了山大附小的大门，抬头仰望，看到了虽然狭小但很整洁的校园，心怀向往的同时却也畏缩不前——她还不会说普通话；她也没有学习过系统的入学知识；甚至，她还没有握过笔。

当她窝在教室的一角偷偷打量身边的一切时，一道轻快明亮的身影划过眼角，婉转清新的语调娓娓动听，令人再也移不开眼。小女孩儿不自觉地想要模仿她的话音，多数说得磕磕绊绊，偶尔一两句能够模仿得差不多，内心的雀跃便按捺不住，总要再反复几次才作罢。老师了解到她的情况，眼神中没有流露出一丝的嫌弃，清澈的眼眸里闪着圣洁的光芒，这让小女孩儿忐忑的心瞬间归位。

一年的时间，小女孩儿学会了普通话，学会了如何书写，学会了写完整的句子……初中时，甚至凭借着一口标准流利的普通话当上了学校广播站的主持人。

那个年代，没有"女神"这样的称呼，流行互说"美女"。可是，在这个小女孩的心目中，"美女"并不能概括老师之万一。于是小小的人儿苦思冥想，终于找到了一个词语——"仙女"。这个称呼她在私底下叫了无数遍，但当真正面对"仙女"时，她却往往羞红了脸，一声也不敢叫出来。而自己呢，应该是一只丑小鸭吧。幸运的是，这只丑小鸭在颠簸途中没有被抛弃，反而由"仙女"引路，呵护备至。从此，一颗梦的种子深埋心底，丑小鸭也想成为"仙女"一样的老师……

圆　梦

2012 年，心愿得成，小女孩儿成为一名教师。2020 年，丑小鸭蜕变为白天鹅，回到仙女老师所在的学校，回到自己开启梦想的地方，成为一名语文老师兼班主任，接力为孩子们造梦。

这是一块怎样的沃野啊！我也遇到了一群可爱的孩子，他们之中有"小老虎"，有"小白兔"，有"小蜗牛"，有"来自星星的孩子"，也有和我一样的"丑小鸭"……

"来自星星的孩子"时而调皮，时而稳重。他拿不好笔、坐不稳身体，却有一颗想要表现自我的心，常常缀在我身后，做我的小尾巴。"六一"儿童节到了，他也想上台表演，可是由于身体原因，如何安排他就变成了一个大难题。苦思冥想后，我让他在节目的换场时间举着国旗绕场跑一圈，一来提示节目的篇章更换，二来凸显他的作用。舞台上，他咧着嘴，手举国旗，脚下生风；舞台下，孩子们为他欢呼，为他鼓掌。这一跑，跑出了他的自信，跑出了班级的凝聚力，跑出了爱！我想，当天他的梦应该是甜的吧！因为，我的梦也是甜的。

目光转向运动会。班里还有一只"小白兔"，比赛时裤子掉了，她在一片哗然中走完了赛道，班级成绩一落千丈。孩子们都惴惴不安，"小白兔"独自待在角落，泫然欲泣。大家都想要好的成绩呀，我的心口也压了一块大石头，既为成绩不佳难过，也为"小白兔"担心：以后如何在这个集体中相处呢？为难间，"仙女"老师的教导萦绕耳边。当年的我也是这样的，在比赛时摔倒了，影响了全班的成绩。正自惶恐不安时，"仙女"

老师只问了我两个问题："摔到哪里了？疼吗？"霎时"云开雾散却晴霁"，我不安的情绪再次被安抚，眼眶湿润，内心却是一片安然。是啊，"小白兔"也是很棒的，能坚持走下来，没有放弃比赛，已然完成了自己的使命。孩子们在我的引导下，为"小白兔"送上掌声。"小白兔"擦干眼泪，再次融入集体。

续　梦

到今日，我身后的小尾巴越来越多。他们和我分享着昨天的趣事，讲述着自己的烦恼，描述着神奇的想象……说到将来想要做什么时，有一多半的孩子举手说想要当一名老师。这个话题瞬间引起了他们的兴趣，七嘴八舌间，推举我为他们的"女神"。

"哪有这样黑、这样胖的女神呢？"我逗着他们。

"老师最白！"

"老师最可爱啦！"

"老师是最美的人！"

"老师，我最喜欢你啦！"

天蓝蓝的，映在他们的眼睛里，星芒点点……

以爱启梦，以智续梦。我的梦，也成为他们的梦……

陪伴"小蜗牛"成长

李晓晓

"上帝给我一个任务,叫我牵一只蜗牛去散步,我不能走太快,蜗牛已经尽力爬……"每每读到这首诗歌,总会有扑面而来的亲切感,因为我的身边就有这样一只"小蜗牛"。

"小蜗牛"初遇记

和着夏末深情的曲调,伴着秋日怡人的微风,踏着晨曦,怀着憧憬,在美好的九月,我和"小蜗牛"相遇了。九月的初遇,是最初的邂逅,也是最好的开始。那张稚嫩的脸庞,那双明亮的眼眸至今还深深地印在我的脑海里。依稀记得开学初的那段时光,每天上午课间操时,"小蜗牛"总会过来奶声奶气地问我:"老师,学校什么时候可以吃早点呀?"原来是一枚还沉浸在幼儿园"三餐两点"中的"小可爱",是一条只有7秒钟记忆的"小鱼",更是一只每天早上都拖拖拉拉吃不了早饭的"小蜗牛"。

"小蜗牛"现形记

不久后的一天,"小蜗牛"迟到了,当然这已经不是"小蜗牛"第一次迟到了,学校的铃声对于她而言仅仅只是一段有节奏的音乐,她依旧按照自己的节奏不慌不忙地步入教室。又是一天,"小蜗牛"没有交作业,当然这也不是她第一次不交作业了,她还是像往常一样,在桌兜里翻来覆去,最终也翻不出个所以然来。不仅如此,慢慢地,"小蜗牛"在课堂上也跟不上节奏，每天东瞅瞅、西看看，白色的墙壁在她的注视下似乎有着别样的风景。课堂跟不上，作业自然也就跟不上了，每每别的同学都已奋笔疾书，"小蜗牛"却还不知在探寻何物。不光是她自己，整个班集体也在被她"拖累"：放学时，别的小朋友早已站好路队，而我们的"小蜗牛"还在教室里"翻箱倒柜"，过了一会儿，好容易出来了，可是你瞧她左手拿着语文书，右臂夹着数学本，嘴里还叼着尺子，书包走一路撒一道……一个学期还未结束，"小蜗牛"的各种问题就层出不穷了。一开始我和"小蜗牛"的相处就像诗中所说："我催他，我唬他，我责备他，蜗牛用抱歉的目光看着我，仿佛在说：'人家已经尽力了嘛'！"渐渐地，我也像蜗牛一样流着汗，喘着气，累得筋疲力尽，身心俱疲。

"小蜗牛"寻根记

"小蜗牛"为什么会是这个样子的呢？我想探个究竟。原来呀，"小蜗牛"的问题是有根源的，这是我在多次与家长的沟通中找到的。孩子从小的生活环境，一边是严厉的父亲，对她的期望值很高，所以对她要求很严格；另一边是对她极度溺爱的母亲，恨不得所有事情都替她包办。长此以往，孩子逐渐失去了正确的引导。她既追求完美，想要做得更好，但是又没办法达成自己的目标，所以她慢慢将自己隐藏在自己的世界中。表面的玩世不恭，背后其实是深深的自卑。

"小蜗牛"变形记

（一）明理——"明之以理"

在了解了这些情况之后，我降低了对孩子的即刻期待，不再盯着她的问题，也不再期待自己的工作立刻有所成效，而是先从孩子的兴趣爱好入手。她说她最喜欢的是美术课，我就和她一起欣赏她的作品，走进她的世界。在探讨的过程中我们聊起了为什么房子要比窗户画得大一些？她说：

"就应该是这样的，大多数人都是这样画的。""是呀，大家约定好共同遵守的，就是规则，画画要懂得规则，班集体是不是也要有规则呢？"就这样，我从这扇窗户打开了"小蜗牛"的心扉。这一次，我看到了"小蜗牛"内心的柔软。

（二）崇实——"导之以行"

对于一个七八岁的孩子而言，语言远比行动来得容易，我深知这一点。所以，在和孩子沟通之后，我迅速和孩子的家长一起，针对孩子目前所存在的问题，制定了一系列具体的小目标，但是每一次我们只实施三个，三个完成后再继续下一轮。从一个个简单的小口令到一个个难写的生字，从一次次简单的不迟到到一次次努力做好模范小标兵，一点一滴、潜移默化，"小蜗牛"的行为在逐步规范。当然，伴随着目标的达成还有不断的鼓励。我就这样俯下身子，一次又一次用热切的期盼去点亮她原本微弱的光，她开始越爬越快了。

（三）思进——"思之以情"

"小蜗牛"在慢慢地成长，班级对她的充分包容也是至关重要的。为此，我提前讲解了课文《小柳树和小枣树》，对学生进行了友爱、尊重和理解教育，让学生意识到每个人的优点和缺点是不一样的，我们要用发现的眼睛，多去寻找别人身上的优点。就这样，我们班在此基础上展开了一场寻美活动，通过这个活动，"小蜗牛"的优点也逐渐多了起来，她仿佛又重新融入班集体，脸上又露出了开心的笑容。看着她可爱的模样，我会心地笑了，原来这就是播种希望的美好呀。

（四）乐学——"熠之以辉"

璀璨蒙童，熠熠生辉。新的学期，"小蜗牛"改正了自己的一个又一个缺点，正一步一步朝着心里有爱、眼中有光、动静有度的好少年努力前行。

教育是一门艺术，更是一门"慢"的艺术。于生而言，此"慢"非怠慢，而是尊重学生的成长规律，给予学生成长的时间和空间，让学生更好地发展；于师而言，此"慢"非缓慢，而是尊重教育的发展规律，潜心深耕，修炼内功。教育孩子，就像陪伴一只"小蜗牛"去成长，跟孩子一起走过他孩提时代的无忧岁月。愿这些可爱的"小蜗牛"们以山大附小为始，崇实、乐学、明理、思进，心中有爱，眼中有智，快乐成长！

倾我所智，助力学生成长

侣文卿

1921 年，当嘉兴南湖上的一只游船轻轻泛起涟漪时，谁也不曾想到，一个新的时代悄悄来临了。正是以中国共产党人为代表的先进分子，担当起了救国图存的大任，开辟了一个新时代。而今天，当孩子们在山大附小宽敞的教室里，用尚不熟练的小手打开图书时，更不会有人想到：一个充满智慧、爱和包容的世界正在向他们展现，一枚枚饱含成长关键、聪明才智和无限潜能的种子，已在潜移默化中找到了适合它们发芽生长的土壤。一代人有一代人的使命，一个职业有一个职业的担当。

2015 年秋天，我放下刚刚出生的乳儿，奔向教学一线。教师和母亲的双重身份让我在走进教室之前，更加长远地思考着一个深层次的问题，那就是如何做一名学生真正需要的教师？什么才是真正优秀的教师？我想不仅是在管理方面严格，保持良好的班风，培养学生良好的行为习惯，让学生成绩优异，更要让孩子们视野开阔、兴趣广泛，具备感受人类情感的能力。特别是在知识更新速度加快的新时代，优秀教师的评价标准一定不能只在成绩方面，是否能培养出学生勤奋吃苦的性格，培养出学生深厚的人文精神，是否能将目光聚焦于学生成长的未来，激发学生的潜能，赋予学生一种既能适应考试变化，又能迅速在社会中发挥才智的人生，才是长远之策！

这可不是一朝一夕的事情，怎样才能做到呢？

一个不阅读的民族，是没有希望的民族，一个不阅读的孩子，是没有未来的。一个孩子的成长关键、聪明才智和无限潜能，如同种子，需要条件才可以发芽生长。这个条件一定是海量阅读。正如大家的共识："如果一个孩子从没有读过一本好书，而是把大量时间投入学校课本和大量作业里去了，那么这个孩子的天赋聪明就被饿死了。"只有博览群书、海量阅读古今中外的名著经典，广泛涉猎百科常识书籍，智慧才能不断成长，最终形成一种强大的发展潜力。

因此，小学阶段，必须得让孩子们挤出时间来读书，把目标集中于长远能力的培养——帮助孩子们养成良好的阅读习惯，做一个智慧的人，让他们受益终生！

想法有了，马不停蹄，开始行动！

我决定从培养孩子们阅读的持续性和连贯性，即阅读习惯入手。经过苦思冥想，我终于制订出一套系统的阅读计划。我把每天下午的午读作为固定的阅读时间，并告诉孩子们：不可以喜欢就读读，不喜欢就不读了，一定要坚持读；和家长沟通，希望他们放下手机，陪孩子读书；让每个家庭专辟时间，鼓励孩子阅读；编撰适合五年级的鉴赏材料，最好要有诗词歌赋、中外名言、歇后语……不会阅读？没有从头到尾认真读一本书的习惯？不能反复阅读？联系专业阅读推广者，挤出课时定期上阅读课！孩子们开始往班里带书了，带书的同学越来越多。有同学都读《夏洛的网》啦！

"佀老师，你这样做，教学任务能完成吗？"

"佀老师，我的孩子连作业都写不完，哪有时间读书？"

"佀老师，我的孩子要上名校，要有好成绩，读书太浪费时间！"

"佀老师，你懂不懂语文怎么教？"

"佀老师，脱离课本，教不出成绩，我们就去学校反映你！"

……

"老师，普罗米修斯正直、勇敢、坚强！"

"老师，阿拉丁智慧、冷静、富于想象。"

"老师，白雪公主与七个小矮人的友谊很珍贵，没有兄弟姐妹的家里，一点儿都不缺少阳光。"

"老师，巴黎有埃菲尔铁塔，哈尔滨有冰雕，南极有企鹅。"

"老师，你什么时候长上卷毛，带我们去坐神奇的校车?"

"老师，爷爷变成了幽灵！但我……不会难过。"

……

这是何等丰富的生活和情感体验，又是何等富于无限潜能的学习积淀啊!

坚持! 担当!

现在，班里孩子们像过节一样期盼着阅读课的到来。大家喜欢的图书像流行热潮一样此起彼落。而且，不知道什么时候，孩子们还有了摘抄本，他们摘抄的语句真是流光溢彩、令人回味无穷!

家长们也有了变化。他们开始耐不住"诱惑"，纷纷要求进班听课。热气腾腾的亲子阅读、同学阅读、师生阅读从小小的教室延伸开来，一直蔓延到了班里 50 多个家庭的角角落落。不知什么时候，他们竟积极配合，帮班里设置了读书角。不知什么时候，班里搭起了天文、地理、历史、科学的丰富世界。不知什么时候，早读和午读时间，大家心照不宣，早早把孩子送到了学校……

"伲老师，孩子认字组词已经相当容易，成语信手拈来。"

"伲老师，孩子的知识面常常令人叹为观止!"

"伲老师，出去旅游时，孩子的古诗词脱口而出。"

……

是的，我们终于明白：当孩子们如同小苗有了成长的真实营养，他们的智慧就如一棵树，生根长叶开花结果!

做一个智慧的老师，助力学生成长，是多么光荣的事情!

用心去爱每一位学生

梁雅雯

陶行知先生曾经说过，"要学生做的事，教职员躬亲共做；要学生学的知识，教职员躬亲共学；要学生守的规矩，教职员躬亲共守。我们深信这种共享、共事、共修养的方法，是真正的教育。"如今，我从事教师这个行业将近七年，来到山大附小，也已六年有余。选择教师这个行业，我无怨无悔，在平凡的岗位上做着平凡的事。当我站在讲台上面对着一双双求知若渴的眼睛，身为教师的责任感便油然而生。

我所任教的音乐课是深受学生喜欢的，也是课堂气氛非常活跃的一门课。刚步入校园时，我只想能够讲好课，将每节课精进、设计丰满就够了。渐渐我发现，作为一名小学教师，讲好课只为其一，对涉世未深的孩子们进行行为规范、情感培养和思想教育，才是重中之重。这些年，我接触的学生主要为低年级学生，如何与小孩子相处是我入职这些年来一直在学习的功课。

刚入职不久，我曾接触过一个和别的学生比起来有一些"特殊"的孩子。一年级的第一节音乐课，别的孩子面对不熟悉的环境、不认识的老师，总是拘谨害怕的，他却喜欢做一只"出头鸟"，在我进行自我介绍以及强调课堂要求时，他不住地接话，打断我说话。一开始，我会直接在课堂上点出他的名字，制止他，他会安静一小会儿，但之后又是一如既往。这对于同样"涉世未深"的我而言，每节课都像与他进行艰难的"博弈"

一般。渐渐地，他不仅会在上课时大喊大叫，还开始说脏话、满地乱跑，甚至未经我的同意就往教室外跑。我意识到，这名学生将成为我的一个考验，我需要换一种方式和他相处。

在之后的课堂上，我开始着重观察他，我渐渐发现：当我严厉地对待他时，他的逆反心理会更强，会产生要和我对着干的想法，这种想法会在短暂的安静之后变本加厉。但当我耐下心来，平和地同他讲些道理，他就能做到安静的时间长一些。并且每一次他的喊叫，其实都是在引起我的注意，在我提出问题时他的喊叫声会尤其大。

为了避免在课堂上因劝阻他而影响上课，当有这个班的课时，我会提前五分钟进教室，和这名学生聊一聊。当脱离了课堂的环境，他变得更容易交流。这时，我会先安抚他的情绪，并和他做个约定："上课时，老师会多关注你，那么你也要做一个乖孩子。"我发现，当我对他承诺了会多关注他时，他表现得非常开心。同时，我也会以一个朋友的身份和他闲聊一些别的话题，比如他的其他科目成绩，或者有什么有趣的事。在课堂上，我会经常将目光投到他的身上，在提出问题时，也会多叫他回答。偶尔激动时，他还会下意识地喊叫，每当这时，我会轻声问他："还记得和老师的约定吗？"他便会有所收敛，安静下来。我们经历了一年的磨合，步入二年级时，我发现他基本上养成了良好的课堂习惯。我们的关系也更融洽了，在校园里远远地看见我，他甚至还会跑过来拥抱我。

关心是爱的切入口，爱的教育，是学校教育的必修课。从孔子的"仁爱"到墨子的"兼爱"，再到陶行知先生的"爱满天下"，从古至今，我们的教育始终贯彻着爱。我们爱学生，了解他们的性格，知道他们的需求，并竭尽所能去关心他们、帮助他们。我要在精进自己课堂教育的同时，更加"爱"学生，这也是我需要不断学习修炼的课程。

静待一树花开

陈佳慧

教育是一场关乎爱的修行，也是一段充满爱的等待，需要永不停息的奉献和守候。每个学生都是独特的个体，就像种子一样，有的正在茁壮成长，有的刚刚破土而出，还有的在沉睡中等待苏醒。教育的本质在于激发内心沉睡的种子，唤醒内在的潜能，让教育长出藤蔓，开出鲜花。

初到山大附小，我被任命为一年级的班主任。刚得知这个消息时，我非常忐忑。从面对六年级的大孩子到面对一年级的小不点，这种转变让我的心里一时难以平静。我会遇到怎样的一群孩子呢？我又该如何与他们相处呢？带着这样的问题，我终于见到了他们。

2022 年的秋天，他们在父母的陪伴下走进校园，看着那一张张稚嫩的脸庞，我不禁感慨道："这就是我的学生们啊！"开学之初，耳边总能响起这样的话："老师，我的橡皮不见了。""老师，下节课上什么？""老师，我的跳绳忘在家里了。""老师，老师，老师……"而我也反复提醒着："同学们，记得把自己的铅笔、橡皮放进笔袋里。""同学们，下课就喝水，每天要喝光杯子里的水。"……就这样，我们相处了一天又一天，我时常在想：如何为他们扣好人生第一粒扣子？应该帮助他们的生命绽放出怎样的花朵呢？古人言："父母之爱子，则为之计深远。"我认为，为师亦应如此。

绽放勇敢的花朵

2023 年 3 月中旬，学校举办了春季运动会。听到这个消息的时候，孩子们都热情满满，跃跃欲试，准备到赛场上一展风采。只有一个小男孩儿不一样，他慢腾腾地走到我身边，揪揪我的衣服，用微弱的声音对我说："陈老师，我不参加运动会，可以吗？我跑得慢，我怕跑不赢。"看着平常开朗健谈的男孩子成了这副模样，我摸摸他的头，对他说："不尝试怎么知道不行呢？陈老师跑得也很慢，今晚放学后我们在操场上一起练习，怎么样？"小男孩儿看着我，半信半疑地点了点头。经过半个月的练习，小男孩儿跑步的速度有了很大的提升，我们满心欢喜地等待着比赛的到来。可在接力比赛时，他摔倒了，但他没有丝毫犹豫，立刻爬起来抓起接力棒接着跑，奋力冲向终点，同学们为他响起了热烈的掌声。借着这件事情，我们开了一次主题为"勇敢之旅"的班会，小男孩儿上台分享了他参加运动会的心情，听到他说"我再也不害怕跑步了"时，同学们再一次响起了热烈的掌声。是啊，迎难而上、战胜自我的这种精神和毅力，不正是勇敢吗？

绽放友善的花朵

一次上课时，一位小男孩儿突然呕吐，还没等我反应过来，就看到四个男生冲上前去，有人拿塑料袋，有人拿笤帚，有人拿墩布，顷刻间，教室已被打扫得干干净净。可是上一次有人在教室呕吐时，同学们可不是这样的表现：有人好奇地看着那个狼狈的孩子；有人用手扇风发出嫌弃的声音；还有的人边看边呕，仿佛下一秒也要"喷涌而出"。我好奇于他们的转变，收拾完"残局"后问孩子们："你们今天怎么和上次不一样？"孩子们七嘴八舌地说："他也很难受，他也不想那样的。""上次您教育我们，同学间要相互帮助、友爱相处，我们以后再也不会那样了。"……

绽放感恩的花朵

一天课间，一位小女孩拿着一幅画来到我身边说："陕老师，您看这幅画漂亮吗？"我说："真漂亮呀，是你自己画的吗？"她说："这是我和妈妈一起画的。"我接着问道："那你画完画后，对妈妈说谢谢了吗？"她摇了摇头。我说："那你今天回家后对妈妈说一声谢谢，好吗？"她点点头。我以为她会忘记，没想到，第二天上午放学，我送孩子们出校园后，这位学生的妈妈走了过来，对我说："陕老师，我感觉孩子长大了，昨天放学回家的时候，她对我说，妈妈，谢谢你陪我画画，这幅画还受到了老师的表扬呢！"当天下午我把这件事说给全班同学听，告诉他们什么是感恩，告诉他们，当他人给予你帮助时要说谢谢。后来，我发现当班上有人需要帮助时，总会有人第一时间伸出援助之手，而被帮助的人总能第一时间说一声谢谢。

一年级学生正处于良好行为习惯养成的年纪，用爱浇灌一朵又一朵花儿，为他们扣好人生第一粒扣子。现在，我发现他们比上学期成熟了许多，他们更懂得什么是勇敢，什么是友爱，什么是感恩。相信在不久的将来，我们一定能欣赏到百花争奇斗艳的盛况！

是爱，亦是责任

蔡林凤

教书育人是塑造灵魂，教育子女是伟大工程。我，站在这两个制高点的一个平凡人，艰难地权衡着这两者的关系。身为教练，我要严厉；身为妈妈，我得慈爱，身份的转换像无形的枷锁缠绕着我。

那是 2022 年的暑假，我带领着我的小队员们跋山涉水，前往贵州参加"全国棒垒球锦标赛"。初到贵州，这一群只离开妈妈几天的孩子根本照顾不了自己的生活。那个时候，作为教练，"我来！"这一句话经常出现在我的口中。有的孩子合不住箱子，我来！有的孩子不会洗衣服，我来！我来！我来！我来……而此时，队伍里有个独立的身影，那就是我的儿子。他默默地收拾好自己的东西，默默地跟在队伍的最后，默默地成了被妈妈忽视的孩子。

本来是一场信心十足的比赛，以队员们的能力和水平应当是一飞冲天的，但是，第一场比赛就以一场平局而告终。身为教练，我得顶着压力排兵布阵，安抚好每一个孩子，我不敢发泄，不敢气馁，我知道打气是第一要务，稳住军心才能有所转机。而此刻，我的儿子，身处一个极其重要位置的他，既需要我作为教练给他战术上的指导，更需要我作为妈妈给他心灵上的关怀。但是，我却抽不开身来，因为此时，我既要安抚家长，又得鼓励孩子。从比赛结束到深夜，唯一不用打电话报平安的那个孩子，却没有从妈妈身上得到一丝鼓励和安慰，静悄悄地躺在床上，等待着第二天的翻盘之战。似乎，在他幼小的心灵里，已经做好了逆风而行的艰难准备。夜，深了。

最紧张的时刻终于来临，第二天，阴霾笼罩着球场。可孩子们的士气冲破乌云，如同燃烧的火焰一般，在我萧条的心中燃起了一丝希望。但这唯一的一点希望，却被越下越大的雨冲击着。雨大、球滑、地面滑，手套更滑。11：10，比赛落后一分，我的心被这一分揪着，焦灼不安。这时，我的儿子，该他进攻了。队员们急需这一球挽回局面，教练们更需要这一球稳定军心，孩子们高声呼喊："来一个！来一个！"他的神情逐渐凝重起来，我的心脏也似乎在这一刻停止了跳动，我感受不到那强有力的撞击。但我坚信，他能成功，因为他是队员中为数不多的全垒打选手，他们也坚信！他开始进攻了，可他的腿在发抖，脚也随着雨点打战，此刻我多么想趴在他的耳边告诉他："宝贝，我们尽力就可以。"挥棒、蹬转，球打破雨丝，按照它本来有的路线冲了出去，力度、旋转，一切都和之前上千遍的预演一样无懈可击。那一刻，孩子们跳了起来，我也在心中窃喜"有了！有了！"球杀出场外，冲向外场。然而，意想不到的是模糊的视线中出现了一只高举着的手，不偏不倚，球死死地砸在了对方选手的手套中。儿子被判出局了！我能看到这个10岁的孩子，脸上的高兴转瞬即逝，随之而来的是失落、自责、垂头丧气。雨更大了，打在这张晒得黝黑的小脸上。那脸上的点点斑迹，不知是留置着的雨点，还是他委屈的泪水……而他的妈妈，我呢？此刻却没办法冲过去拥抱他，没办法第一时间给他安慰，没办法帮他打消各个方面的负面情绪……我不能啊！因为我是教练，我得赶紧换上下一个队员，赶紧指挥击球，赶紧重整旗鼓，奔赴下一场"战争"。此刻，我多希望自己不是那个承载着"大爱"的教练员，而只是一个充满"小爱"的垒球运动员的妈妈呀！

比赛如火如荼地进行着，队员们换了一拨又一拨，跑了一场又一场，我跟着他们时而高兴、时而紧张、时而呐喊、时而鼓励，偶尔注意到那个熟悉的身影，在雨中接球、传球，他是那么坚强。我知道一场失败打不倒他，他依旧是那么勇猛，带领队员们坚守着我们的阵地。这个曾经晚上会因为离开妈妈而睡不着觉的孩子，在承受了这么大的压力下迅速成长了。那一刻，我的眼前模糊了。

时至今日，每当提及这次比赛，我都想蹲下来拥抱他，对他说："孩子，继续加油！我是你的妈妈，但我更是每一个孩子的教练员！"

亦生亦师爱为魂　育人育己乐成长

张宏滟

　　昨日夜间，我收到了一个天真的孩子发来的微信，言语中是无尽的感激。一股暖意瞬间涌上心头，孩子竟然可以用这样纯粹的话语表达情感！感动之余，我突然意识到，我在当老师这个角色的时候，也在做着学生的角色，但我似乎从未这样向我的老师们表达过感谢。

　　顿时一股回忆涌上心头，第一次踏进山大附小校门时的青涩，第一次站在讲台上讲课时的紧张，第一次画了个不太标准的对钩时的胆怯……

　　那一年，我还是一张朴素而又略带干涩的白纸，天资平平，能力一般。作为一名初到山大附小学习的实习生结识了我职业生涯的第一位"向导"——陈瑶老师。那时的我，一腔热血，拿着笔和纸，坐在教室开始听课。陈老师铿锵的声音、柔和的语调、谆谆的教诲，我都听得格外认真。她是个天然的音律家，她演奏出来的课堂旋律，一次次填补了我内心的空白，我被她的投入、她的激情感染着。那个时候的我，就像是一株干旱的小草，一得到雨水的浇灌，就挺直腰板拼命地吮吸、吮吸。那时候的我真的就是这群 9 岁孩子们中的一员，常常听课听得入了迷，也幻想着有一天，自己也能这样自如地游走于文字间，把真情实感传递给孩子们。

　　陈老师不仅教会了我怎么讲课，还教会了我怎么管理。许多方法至今都让我十分受用。除了方法之外，她还用亲身经历教会了我如何把对孩子的爱表达出来，让孩子们知道。"老师不能端着架子，要俯身倾听、弯腰去做。"这是她常常告诫我的。她是这么说的，也是这么做的。在与陈老师的朝夕相处中，我深感做学生的快乐，直到，我"毕业"了。

我拥有了自己的一批孩子，我开始每天站在讲台上，重复着陈老师做过的事情。可是，这个看似轻松的"舞蹈"，却让我有了巨大的责任和挑战，最让我头疼的莫过于每学期一次的公开课展示了。公开课教学的严酷在于整个过程需要自己一遍一遍打磨，删繁就减，字斟句酌，当然这也是每一个年轻教师必经的"取经之路"。幸运的是，在这条路上，这个温暖的集体从来没有让我孤军奋战，从选课、教案，到课堂环节、课堂亮点，组里老师们的头脑风暴一阵阵刮入我的心中，她们毫不吝啬地把自己的想法和经验都赐予了我，我拿着着这份沉甸甸的"结晶"，继续享受着当学生的幸福。

印象最深的就是二年级的一次公开课。教学前，我们组的组长郭佳老师语重心长地告诉我，以前她讲公开课，一定要把课文熟读背诵，才开始备课。见我疑惑不已，她又说："在你自己没有完全理解之前，不要擅自让参考书束缚，你要用你自己的理解结合教学重难点再去设计教学环节。"的确很受用，按照她的方法，我带着自己的理解和想法设计了一篇教案。但是，理想的设计运用到实践中却总是不尽如人意。这个时候郭老师一边劝我不要丧气，一边拿出我的教案开始一字一句地帮我修改。从教学环节到预设、从重难点到评价，她就这样一遍遍教，我就这样一遍遍学，一稿、二稿、三稿……此刻，我又成了学生，一个不断进步的学生。公开课后，她又及时叮嘱我，对学生的评价要在今后的每一节课中运用自如，肯定学生、欣赏学生、夸奖学生，在课堂上展示我们的爱智理念，直到现在，我还在践行着……

好开心，至今，我还能在老师与学生的身份之间来回转换；好开心，至今，我还能学到很多，并且教会孩子们很多；好开心，在恩师们的帮助之下，我可以继续成长，可以披荆斩棘，一路向前。

我的第一个从教十年

葛红霞

最近我一直在思考该如何记录我从教的第一个十年，思来想去，不想错过这么有意义又值得纪念的时刻，还是以朴实无华的文字记述一下我从教十年的心得感悟吧！

回想 2013 年 9 月来到山大附小的我，十年一瞬，仿佛就在昨天。还记得刚入职第一周，校领导就安排两名优秀的老教师（刘敬宇老师和大王芳老师）对我们新入职的教师进行培训，两位老师不仅跟我们分享了作为教师应具备的基本素养，更是以不同的风格毫无保留地教给我们许多教育教学方法和技巧。在此，再次感谢两位教师。

我将这十年分为三个阶段来记录——

第一阶段：2013 年到 2015 年，努力成为一名合格的教师！

进入新的工作环境，刚开始我的内心还是有点忐忑的，但在体育组这个超级有爱的大家庭成员们的带领下，我很快就调整好了自己。请允许我介绍一下我们大家庭里可爱的成员们：周老师（男），分管体育工作的领导，一直以身作则，勤勤恳恳，是我们的榜样！刘老师（女，现已退休），以前是一名优秀的体育教师，运动员出身，第一次见面感觉她很严肃，相处久了，感觉她为人很正直，不仅专业上会给我们很好的建议，在生活上她更像是我们的家长。蔡老师（女），她年长我 5 岁，2005 年就来山大附小了，为人热情，乐于助人，是一位友爱的姐姐。还有一位她的同班同学赵老师（男），体操专业，人帅嘴巧。池老师（男），高我一届的师哥，个高嗓门大，乐于助人，认真负责，热情耐心。武老师（男），我的大学同学，比我早半年来山大附小，上课认真，对人宽容，平易近人，态度和蔼，刻苦钻研。还有一组老师也是我的大学同学（男曾老师和女赵老师），我们几个年龄相仿。我们三组同学加一个师哥组成了一个朝气蓬勃的体育组。有经验丰富的老师们带着，自然加快了我对学校环境的适应和对教学的熟悉。

尽管如此，当时处于新手水平的我，只了解一般的教学原理、方法，熟悉简单的教学步骤。为了成为一名合格的体育教师，必须在专业水平上努力提升。我积极参加学校及有关部门组织的各项教研教学活动，认真观摩每学期各科老师们的公开课，踊跃投身于评课及学科教研活动中，提升自己的教育教学能力。还记得刚开始听课都不会记笔记的我，一到听课的时候就带着笔和本凑到蔡老师跟前，先抄她的笔记，课后再消化，这样做效率总是很低。后来蔡老师告诉我，记听课笔记不是那么简单的，首先需要对本节课主教材熟悉，知道本节课的重难点，在听课的时候就不会手忙脚乱，而且能学到讲课老师对重难点突破的教学方法……课堂中经常遇到一些问题，我也会求教同事们，大家也都会毫无保留地帮助我。我每天认真备课，及时反思，虚心请教，为尽快成为一名合格的山大附小体育教师而努力着。说实话，来到这个大家庭真的很幸运，也很幸福！

第二阶段：2016 年到 2018 年，向优秀教师进军！

拿破仑曾说，不想当将军的士兵不是好士兵。成为一名合格的体育教师是最低的要求，成为一名优秀的体育教师是我第二阶段的努力目标。

为了提高自己的教学水平，形成自己的教学风格，这一时期，我认真学习教育学心理学相关知识，不仅阅读了校领导为大家购买的专业书籍，自己还购买了一些教育书籍，其中有《捕捉儿童敏感期》和一套体育教材。把从书中学到的东西与课堂教学相结合，认真钻研教材教法，加强备课环节中备学生这一部分，切实了解学生需要。合格的教师不一定每节课都精彩，但我下定决心要向优秀教师看齐，争取每节课都有精彩片段，努力成为受学生欢迎的青年教师。

2017 年 10 月，很荣幸，我和武老师、赵老师一起被派出去参加垒球教练培训。时间记得这么清楚，是因为当时家里还有一个嗷嗷待哺的小可爱。接到通知时我的心里很矛盾，得到家人坚定的支持后，我立刻和两位老师前往昆山学习，同时也经历着第一次和宝宝分离（长达一周）的感受。说到这里，也许已为人母的各位更能深切体会到我当时内心的煎熬。出去要学习理论加实践，由于我当时是母乳喂养，第一次为人母没经验，也没提前做准备，硬生生地憋奶，结果导致断奶，那几天真的很痛苦！有舍就有得，经过一周的培训，我顺利通过考试，成为一名合格的垒球教练员！回来后我和武老师就积极地参与到校队训练中，记得刚开始我们每个周末都是旁观学习资深的教练训练，包括寒暑假大家都休息了，我们依然会跟着训练队学习训练。2018 年，我们终于成立了山大附小的第一支垒球队。武老师很爱钻研，业余时间都会看书看视频，一来提高自己的技术技能，二来也不误学习训练方法，他的这种精神深深打动了我，也给予了我在垒球训练这条路上不断前进的动力。

第三阶段，2020 年到 2022 年，教师变主播！

这一阶段也是比较特殊的一段，在疫情影响下，我们的教学迎来了前所未有的挑战，教学方式也发生了改变。就在大家一头雾水、不知从何做起时，校领导班子在多次会议后给我们体育学科的教学指明了方向。领导带着大家进行了多次教研，确定了我们的直播课内容及形式，武老师和教音乐的王老师去学校录制了我们自编的课间操，当然后期的视频制作及音乐添加等都是两位老师共同完成的。当时全校 40 多个班级，我们一天一位老师直播上课间操，先是眼保健操，接着播放两位老师录制的课间操视频，最后配几张图片，教师语言讲解，并带领学生们做动作。经过几轮线上线下的教学后，在领导的带领下，我们"主播"对自己的要求也在逐步提高，最后，线上体育课都是我们自己录制好热身、主教材及放松内容，后期自己剪辑，真是困难催人进步。这期间，我不仅学会了电脑多媒体的一些技术，还在线上教学中学会了《大众花样跳绳》一级和二级，对于协调性不好的我来说具有很大的挑战性，学习、讲解，并且录制分解及完整动作等，这些都是对我的考验，好的一点是现在的媒体时代，只要你愿意学，资源还是很多的。其间，我还喜欢上了跑步，而且我发现努力是会上瘾的。

在这个阶段，随着学校的发展壮大，我们组注入了更多的新鲜血液，在他们身上我也学到了很多。总之，这个阶段的我找到了自己的兴趣点，并将关注点和兴趣点同自己的教学结合起来，走适合自己的发展之路，有机会就继续参加培训，针对自身短板努力学习，在持续不断输入知识的同时开始自己尝试输出一些东西，形成自己独立的想法。

2022年至今，我继续发扬自己的长处，形成自己独特的教学风格；一如既往保持对教育事业的热爱，让自己的教育之路走得更顺；拓展自己的兴趣爱好，如学习打乒乓球等，尽量避免职业倦怠；重视自己的心理健康并长期维护。去年组里又新来了5位老师，武组长响应学校号召，给我们安排了师徒结对共同成长的任务，这无疑又是一个新的挑战。现在我不仅要做好自己的教学工作，同时还要学会带新人，加油！

回首这十年，我逐渐从一名教学"小白"成长为一名有自己风格特色的教师，这都得益于所有给予我帮助和机会的老师们，也要感谢始终坚定目标、勇往直前的自己。不知道下一个十年我会有怎样的发展？回首第一个十年，我经历了很多，也努力活成了自己想要的样子。深耕于自己喜爱的领域是我心之所向！期待着即将开启的第二个十年，我能依然保持热爱，奔赴下一个山海！

始于爱 传承爱

许智越

马校长说过："'爱'和'智'是人本质力量的基本构成，是一个人飞翔的双翼。只有拥有爱与智慧的人，才能收获幸福的人生。"

清晨，我缓行在校园里，内心充盈着满满的幸福。

我从教不久，恰逢山大附小建校 60 周年盛大庆典！全校教师热火朝天地准备着。我更是深情期盼！因为山大附小于我，意义非凡。

多年前，年幼懵懂的我曾作为学子，怀着无知与好奇，走进山大附小。十几年后的今天，我又重回校园，开启了自己的从教生涯。

在这里，从 a、o、e 到 1、2、3 再到 A、B、C，我徜徉在知识海洋的同时，也学会了待人接物，确立了宽厚良善的做人准则，拥有了爱心和智慧。从接受爱到给予爱，我接受了全方位的洗礼！小学生涯是我最快乐的时光！课间操的主席台上潇洒霸气的周老师是我的偶像，各科老师都是温柔友善，让我日日如沐春风，快乐成长。

在这里，我还有幸遇到了自己一生的伯乐——刘老师。她不仅用智慧传授知识，用宽容教我感恩，用鼓励使我自信，用温柔让我感受力量，还用细致入微的关怀给予我切实的帮助，那一套套精美的书籍灌溉出我的智慧，滋养了我的心灵……刘老师还用深沉无私的爱催我奋进。几年前家中发生了一次重大变故，当时我已小学毕业多年，可刘老师听说之后，又一次给予了我真诚切实的帮助，更给予了我无限的精神支持。刘老师还特意提醒我妈妈，不要把这些琐碎之事说给我们听，以免给我们增加不必要的心理负担，让我们能全心全意完成学业。

长大后，我就成了你！我如愿成为一名教师，满怀壮志，立志把这份爱与智慧传递下去。

入职初，我有幸参加了山大附小举办的"爱智共育深耕小学堂、德艺双馨争做大先生"为主题的教师培训。这真是及时雨啊！听着优秀教师分享自己的理念方法、心得体会，我深刻感受到了教师职业的神圣！更收获了从教的经验与技巧。一个教育者，要做到"爱智统一"。"教育是善意的干预，爱智统一是好教育的精神法则。好学、乐教、执着、共情、爱憎分明、严于律己、虚心谦让，这些品质既是教育者的个性，又是文明人的共性"。马老师关于校训的解读，让我明白了"致广大而尽精微"的内涵。我们很难做一个伟大的人，但我们可以心怀伟大的爱，做好极其细微的事。

第一个重大的挑战是新生入学家长会，其重要性不言而喻。它会影响每个孩子最初的学习态度，好的第一印象还能让孩子收获最初的美好。我很紧张，总觉得自己的准备不尽如人意。组长花老师看到大家普遍的忐忑，及时给予帮助和引领，确定了"真诚沟通，共育未来"的主题给大家指明方向。连续几天中午，花老师带领大家实战演练，逐字逐句打磨稿子。老师们在家长会上的真诚和精进，获得了家长的一致认可。我明白了团队协作的意义，更深刻地体会到有一位尽心负责的好前辈的重要性。

第一次走上讲台，面对懵懂可爱的孩子们，我幸福感爆棚。我带着所有美好的期待将对工作的热情和对学生的爱尽情挥洒在三尺讲台。我坚信，只要教育充满温度，就能达到最好的效果。我暗自告诫自己要用"爱心"教孩子，不用"手段"管孩子。

但很快我就发现，师生关系和教学效果都不是想象中的理想模样。迷惘困惑之际，段高峰老师主动找到我，语重心长地跟我说："你的课堂管理模式需要改进，对这么小的孩子，教育除了有爱，更要充满智慧，要树立课堂规则和边界。如果课堂纪律保证不了，孩子的学习效果会大打折扣。"段老师的教导及时细致，令我醍醐灌顶。

我又去找刘老师讨教，刘老师一如既往地循循善诱："没有规矩不成方圆。我们要爱智共育，在将爱充分传递的基础上，稍加严格，用智慧和技巧引领孩子端正学习态度，保证教学活动顺利实施。孩子太小，一味去爱会适得其反。这么小的孩子，爱玩是天性，有的放矢，没有规范的纪律约束，就会出现问题。"

疫情之下，学校采用线上教学模式。第一次网课试讲，我好紧张！语速急、快，表述不精、语调生硬、脑子空白。花老师及时给予指导，教我将每一张 PPT 的内容以及过渡衔接语准确断句，传授我抑扬顿挫的表达技巧。前辈的扶持加上自己的勤学苦练，我的网课取得了不错的反响。但自己很快又发现自己的课模仿多，缺乏个性特点。花老师也敏锐地捕捉到这一点，又安排了门老师来给我评课。门老师教我如何利用男老师的优势来讲课，使我的表达技巧也有了巨大的提升。花老师和孙老师废寝忘食，不吝赐教，帮我深挖讲课的细节，利用公开课快速提升。花老师亲自示范如何站，手放哪儿，强调重视细节，让我改掉粗枝大叶的毛病，使我在授课的各个环节有了长足的进步。花老师常语重心长地说："你有阳刚骨气，就要把自己作为男老师的利落潇洒展现出来。"

两个搭班老师秦老师和赵老师，工作积极热情，给了我大力协助，生活上也给予我点点滴滴的关爱。所有同事前辈都会在我需要之时伸出友谊之手，特别是胡老师和刘琳老师，他们常常及时地帮助我，给予我许多可行性很强的建议。公开课前，张校长百忙之中感受到我的紧张，特意给予疏导："别紧张，放轻松，把课程的脉络和层次理清楚，思路就清晰了。"

周末雷校长忙碌的身影和马校长碰面时鼓励的微笑，体育老师帮忙值周，多科老师全力支持，保安叔叔理解配合，都给予我无限的动力。全校从上而下充满着理解体谅、正气友善的氛围，处处洋溢着温暖与爱意，诠释着爱与智慧，真真切切地让我又一次体会到了爱智伴成长的幸福与惬意。

庆幸自己成为山大附小这个集体中的一员，我决心以己之力，把这份珍贵深沉的爱传承下去，让每一个用爱智滋养出的孩子，都能在更广阔的天空展翅翱翔！

只因热爱，愿迎万难

刘宇欣

莘莘学子，悠悠我心，带班三年，"插曲"频频。

孩子成长，让人暖心，变与不变，时光流转不停……

浅忆三年，许多难忘瞬间藏于心、见于事、显于孩子的点滴进步。细细想来，与孩子们在一起的这三年，有喜悦、有幸福、有泪水、也有感动……

近近是班内的一个男孩子，纯真无邪的脸上总是挂着甜甜的微笑。刚入学时，我就发现这个孩子的心智还停留在幼儿园阶段，他会因为太想发言就突然站在凳子上，肉嘟嘟的小手高高举过头顶以向我证明这道题他会做；会因为握笔器被值日生捡走就回家悄悄哭鼻子，不敢跟同学说；会因为不会整理书包，每天放学都变成队伍的"小尾巴"，水杯、外套、红领巾、书本、笔袋、水彩笔，走一路掉一路……学习方面，尤其是语文基础尤其薄弱。在一年级平常练习册的同步作业中，有好几次鲜红的叉号画满整页，3道题用时近110分钟。当刚入职还不满一个月的我看到这样的作业，顿时哑口无言，十分犯难，不知如何是好。但同时，我也开始认真思考，一个又一个棘手的"难题"，到底从哪里入手会有所收效？

我先是找到孩子的爸妈进行沟通，得知孩子完全是零基础，无论是拼音拼读，还是字词书写，再到阅读习惯、语言表达，孩子俨然一副乖宝宝模样，再加上那抹甜到人心底的笑容，真是让我又爱又"恨"。相较班里的大部分同学，近近的学习非常吃力，以至于每天写作业都要"挑灯夜战"。基于这一特殊情况，我紧接着就跟学校申请，减少孩子各科的书面作业，适当减轻孩子的课业负担。一段时间后，孩子的书写质量进步明显；慢慢地，他能把字写在格子里面了；又过了一段时间，横画能写平了，竖画能写直了，作业用时也在一分钟一分钟地逐渐减少。看到孩子的变化，我暗自舒了一口气，欣喜于他的成长，也期待他更大的进步。我拿着孩子的作业本，在班里给大家展示，从第一次作业到最新一次作业，每个同学看到他的进步都自发地为他鼓掌，热烈的掌声映衬着近近那抹甜甜的微笑，在他的眼里，我看到了千般自信、万分骄傲，而我的内心亦是同样的澎湃。

11 月初，学校举办的跳绳比赛即将展开，孩子们迫切想参加比赛，为班集体争光的情绪高涨，班级凝聚力日益增强。我忽然想起"攻城莫如攻心"，此时的一副强心剂至关重要，何不借此机会，将学习上的问题和比赛训练结合起来一起说呢！于是每次集训练跳绳前我都会先在教室开班会鼓舞士气，我告诉孩子们，所谓"人心齐，泰山移"，只有每个人都竭尽全力，班集体才会更好。可此时的近近，还不会熟练地拿跳绳，每跳一个，都得重新整理跳绳。看着他手忙脚乱的样子，我有点心疼，我也看出他迫切想要参加比赛，奈何别人的跳绳在脚下飞速律动，而他的跳绳几近 0.05 倍速如蜗牛般缓慢。

参赛名额只有 20 男 20 女，毫无疑问，近近落选了。我本以为他会因此大受打击，或是马上忘记这件事。令我惊讶的是往后一年的时间里，学习群内日复一日雷打不动的打卡，天天都有近近那瘦瘦小小的身影。第二次跳绳比赛时，他以绝对的实力如愿参加了比赛，当我问起近近时，他用稚嫩的声音笑着说："老师，您不是说只有每个人都竭尽全力，班集体才会更好吗？这叫'人心齐，泰山移'！"我犹记得当时的自己，眼里饱含热泪，竟说不出话来。半晌，我朝近近点了点头，泪眼蒙眬中又看到他脸上那抹甜到人心底的微笑。在他的脸上，我看到了不懈的坚持、不停的努力。我也笑了，而我内心的那些"难题"已然烟消云散……

跳绳比赛带给孩子们的收获，是满满的精神力量，我希望这种力量能续航他们今后人生中的每一次比赛、每一个重要转折点。近近在比赛中获得的成就感，无疑也带入了学习中。我发现，他的学习态度端正了，渐渐明白了无论是跳绳还是做作业，都是有要求的，听课是有纪律的。近近长大了不少，但那抹纯真的微笑依旧挂在他的脸上，也印在了我的心里。

小学教师工作，就是育"人"的工作，面对一群懵懂的孩子，我渐渐意识到，真正的教育，其实是永远从善意出发，用科学的方法，去影响孩子、引导孩子、启发孩子，真正做到眼中有学生，胸中有热爱，心中有未来。说实话，对于从事小学教师这一工作，是我经过无数次地"问心"后做出的决定，我常常用这句话勉励自己，"只因热爱，愿迎万难"。希望我们都能在看清生活的真相后依然热爱生活。这份热爱，给生活，给事业，也给爱生活、爱事业的自己。被叫一声"老师"，很简单；被叫一生"老师"，很难，却很有成就感。

"雄关漫道真如铁，而今迈步从头越。"教育工作，是一项常做常新、永无止境的工作，希望自己更加精益求精，砥砺深耕，充实自我，履践致远，做一个对学生负责、也对自己负责的好老师。

把"兵样子"延续下去

郭政江

望着操场上奔跑的孩子们，看着他们天真灿烂的笑容，感受着稚子叽叽喳喳的快乐，我的思绪一下子回到了 2015 年的金秋。

那年 9 月，天高云淡，微风轻柔，绿意清新。又是一年开学季，山西大学的校园里，充斥着太多新的活力。而我，为了响应国家的号召，也为了实现自己的夙愿，本该读大二的我，却即将离开校园，奔赴新的战场。也就是在那一年，我穿上军装，成为一名大学生士兵，一名光荣的森林武警战士。

与山丘为伍，与森林为伴，与大火鏖战。面对艰难困苦的磨砺，面对森林火灾的肆虐，我毅然决然冲在第一线，坚定地履行着一名武警战士的神圣职责和忠诚使命。军营生活，绝不只是简单的摸爬滚打，更是淬火加钢的锤炼，是化蛹为蝶的蜕变。我们深知，入伍来到部队，也许不是我们最初的选择，但怎样成为一名合格的军人，我们可以用行动交出最美的答卷。渐渐地，我们也都成了"兵"的样子。

"郭老师，上课啦！上课啦！"一阵急促的、稚嫩的声音在我耳边响起，把我的思绪重新拉回了课堂。我回过头来，注视着那一双双水汪汪的眼睛，铿锵有力地回答了一句："好的，同学们，现在开始上课，上课之前开始我们今天的第一部分，队列训练！"

是的，退伍以后完成了学业，2021 年我又回到了熟悉的校园。从手握三尺钢枪到站上三尺讲台，从一名"兵哥哥"到成为一名光荣的"兵教师"，我顺利地完成了角色的转换。

初登讲台，为了让学生们尽快认识我，也为了让孩子们更加喜欢我的体育课，我给孩子们讲述自己独特而难忘的服兵役经历，给他们演示军人特有的站姿、坐姿，并组织学生亲身体验擒敌动作……我发现，融入这些内容后，孩子们听得格外入神，他们一个个目光如炬、神采飞扬，他们的欢声笑语比在部队上拉歌还要响亮。我知道，我的这一特殊经历，我的多重角色，让他们对我崇拜有加。"亲其师，信其道"，所以，他们格外喜欢上我的课。

除此之外，为了提高自己的教学水平，一有时间，我就会向经验丰富的老师虚心请教，坚持专业技能的学习，全方位提升自身素质。不仅如此，我还把军人不怕吃苦、敢于拼搏奋斗的精神和部队的优良作风带入教学中，课堂上孩子们英姿勃发，精气神儿十足。赛场上他们更是斗志昂扬，血性十足，个个像小老虎、小狮子一样。洪亮的口号、飒爽的英姿，看得出，小小的他们，"兵样子"已具雏形，他们的"战斗力"也有了质的飞跃。

但我仍不满足，我深知自己身上责任之重大。下一步，我还打算把爱国主义教育、国防教育等内容融入课堂，力求让自己成长为更受孩子、家长、学校以及社会欢迎的复合型人才，为祖国的教育事业添砖加瓦，用实际行动致敬我那段无悔的绿色青春。

2022年，继退役军人事务部、教育部、人力资源社会保障部联合印发《关于促进退役军人到中小学任教的意见》后，各地关于"兵教师"任教的配套细则也相继出台。国家政策的支持，也让我更加铆足了干劲儿，坚定了投身教育事业的决心和信心。当初入伍是为国尽忠，如今为师是为国育才。我们，使命在肩！

操场上，孩子们正生龙活虎地练习着不久后要进行的障碍跑比赛。阳光是暖的，回忆也是暖的。看着孩子们在我的课堂上、在我的教育下，一点点长大，他们越来越英姿勃发、干练果决，越来越有"兵样子"，我不禁笑了。我坚信，属于他们的希望已经从这里萌发，属于我的荣光也必将从这里悄悄绽放……

爱的教育

李肖晋

新学年伊始，分班仪式上有这样一句教育宣言——"严在当严处，爱在细微中"，这句话给我留下了极为深刻的印象。我时常思考这句宣言背后所蕴含的深意。随着教学和教育实践的不断深入，我越来越深刻地领悟到，它与学校所倡导的教育理念——"以智育爱，爱而有术"有着异曲同工之妙。马校长提出的"爱智教育，爱而有慧，爱而有度，爱而得法"是对这种教育理念更为深入和具体的阐释，也是每一位教育工作者应具备的核心素养。

罗素曾说过，爱是一缕金色的阳光，凡是教育缺乏爱的地方，无论学生的品格还是智慧，都不可能充分或自由地发展。这句话道出了教育的真谛——"爱"才是教育的起点。所谓"爱智"是指一种和"智慧的爱"对应的品质和智慧，这是一种散发着人文光芒的智慧。为人师者心中必须充满爱，不仅仅要向孩子们传递爱，还要运用自己的智慧，讲究教育的技巧，使他们切身感受到这份爱。

爱是教育的起点，我们需要让学生时刻感受到自己是被爱着的。因为只有当心中存储的爱足够多时，他们才能在未来面对各种困难和挑战时，从容而勇敢。爱的教育有时只要一个动作、一句普通得不能再普通的话语，甚至是一个眼神。智育不仅关乎智力和知识的培育，它更关乎心灵的治愈。

依稀记得，2022 年秋天的一个早上，一年级新生入学还不到一个月，一个平日乖巧的男孩在教室里突然情绪失控，夺门而出。我第一时间试图阻拦，但并未奏效。我顿时意识到事态可能并不简单，赶忙去追。待站定后，孩子一脸委屈，失声痛哭。见状，我蹲下身轻轻地拉着他的手，静静等待他将情绪充分宣泄。孩子的心扉终于慢慢敞开，向我道出了事情的原委。放学后，我和孩子的家长就此事进行了深入交流，果然印证了我之前的猜测，这是孩子幼年时期曾带给他伤痛的"记忆印痕"在作祟。

爱的教育是持久的陪伴、悉心的呵护。面对偶发事件，我们需要针对学生的个性特点采取富有针对性的策略方法，从而帮助他们摆脱困境。

2023 年 4 月的一天，那个孩子在美术课上又一次情绪失控。所幸他在第一时间选择了来办公室找我，我知道我们之间已经建立起了足够的信任。我以一个小玩笑开头，引导他平复自己的情绪，并像朋友一样与他谈心。慢慢地，他恢复了平静。这时，下课铃响了，我提议在美术老师离开教室前去向她道歉，而我可以全程陪着他。最终，孩子以一封认真书写的道歉信与美术老师冰释前嫌。我相信这段经历一定会成为孩子成长历程中一个难忘的瞬间。

爱智教育，需要一种细心考量、静待花开的气度。孩子犹如一张白纸，可爱、活泼而单纯，面对理解能力与学习方法上的差异，我会因材施教，循循善诱，使孩子在智育教育中受惠。我班里还有这样一个男孩，一年级上学期时经常无法领会作业格式要求，无法准确发音，甚至无法听懂指令……这些表现直接影响到了孩子的自信。为此，我先引导该学生进行了舌根音的发音测试，并就测试情况和口腔肌肉训练方法与其家长进行了有效沟通。此后，我在课堂上经常会有意识地鼓励他发言，课下还会就作业格式对他进行有针对性的辅导……时光不负有心人，仅一个学期，该生的学习情况就有了令人欣喜的改善。他的课堂发言日益准确，作业也能按照要求高质量完成，甚至在难度较大的看图写话题目中也体现出丰富的想象力和精彩的表达。

爱智教育是爱与被爱、双向奔赴的教学相长。孩子在童年时期具有极强的可塑性，播下一粒行动的种子，往往就能收获一颗习惯的果实。我常常把卫生整洁、爱护公物、做好人好事贯穿在日常行为教育中，通过正向激励营造良好的班风。对于那些反复违反学校和班级纪律的学生，我则采取循序渐进的引导方式，帮助他们充分认识到克服这些问题会给自己带来怎样的提升。在我们提醒孩子们课间及时补水的同时，也时常被孩子们悄悄为我们加满热水的暖心举动而感动。

孩子是祖国的未来、明天的希望，教育好孩子是一名教师对祖国和人民的承诺。正是在这种使命与责任的感召鼓舞下，我深深地热爱着教育事业，心中有爱、眼里有光、管理有章。陶行知先生说："捧着一颗心来，不带半根草去。"既然甘为人梯，就要从心出发，关爱、欣赏那些性格各异的孩子。我坚信，只要信念如一、步伐坚定，就一定可以培养出心系祖国、聪慧明理的好学生。

图书在版编目（CIP）数据

爱智点亮人生 / 马伟兰主编. — 太原 ：山西教育
出版社，2023.12
ISBN 978-7-5703-3749-1

Ⅰ．①爱… Ⅱ．①马… Ⅲ．①山西大学附属小学–纪
念文集 Ⅳ．①G629.282.51–53

中国国家版本馆 CIP 数据核字（2023）第 254966 号

爱智点亮人生
AIZHI DIANLIANG RENSHENG

策　　划	刘继安	
责任编辑	冯　汀	
复　　审	刘继安	
终　　审	康　健	
装帧设计	薛　菲	
印装监制	蔡　洁	

出版发行　山西出版传媒集团·山西教育出版社
　　　　　（太原市水西门街馒头巷 7 号　电话：0351-4729801　邮编：030002）
印　　装　山西基因包装印刷科技股份有限公司
开　　本　720mm×1020mm　1/16
印　　张　16
字　　数　205 千字
版　　次　2023 年 12 月第 1 版　2023 年 12 月山西第 1 次印刷
书　　号　ISBN 978-7-5703-3749-1
定　　价　64.00 元

如发现印装质量问题，影响阅读，请与山西教育出版社联系调换，电话：0351-4729718。